世界名人非常之路

克洛克

从推销纸杯到麦当劳叔叔

刘干才◎编著

中国社会出版社

国家一级出版社·全国百佳图书出版单位

写在前面的话

　　那是18世纪，爱尔兰著名经济学家理查德·坎蒂隆著作了《商业性质概论》一书，他在该书中首次对"企业家"进行了定义，阐释企业家是专门承担风险的人。

　　后来，奥地利著名政治经济学家约瑟夫·熊彼特在所著《资本主义、社会主义与民主》中指出，企业家就是创新者，就是不断探索新的可能方案，不断寻找新的意义所在，不断发现新的实现自我的途径。按照他的定义，企业家的内涵和外延要广泛得多，不仅包括在交换经济中通常所称的生意人，也包括公司雇用人员，例如经理、董事会成员等。

　　美国著名企业家克雷格·霍尔在所著《负责任的企业家》中指出，企业家是做实事的人，是冒险家，是风险承担者，他们对朋友、商界伙伴和社会是负责任的。也就是说，企业家不仅是社会革新者，更是社会责任与信用关系的维护者，并且致力于改进社会。

　　总之，"企业家是不断在经济结构内部进行'革命突变'，对旧的生产方式进行'创造性破坏'，实现经济要素创新组合的人。"他们创造物质财富，推动社会不断进步，使人们更加幸福。财富虽然只是一个象征，但它与人们的生活、国家的发展、民族的强盛等息息相关。

　　企业家也创造巨大的精神财富，他们在追求财富过程中所表现出来的创新、冒险、合作、敬业、学习、执着、诚信和服务等精神，值得我们每一个人学习。这种企业家精神既是这个特殊群体的共同特征，也是他们独特的个人素质、价值取向以及思维模式，更是他们行动的理性超越和精神升华。

　　当然，企业家是在创造财富的实际行动中，在点点滴滴的事例中体现出伟大精神的。我们在追寻他们成长发展的历程时就会发现，虽然他们成长发展的背景各不相同，但他们在一生中所表现出的辛勤奋斗和顽强拼搏的精神，则是殊途同归的。

这正如美国著名思想家和文学家爱默生所说："伟大人物最明显的标志，就是他们拥有坚强的意志，不管环境怎样变化，他们的初衷与希望永远不会有丝毫的改变，他们永远会克服一切障碍，达到他们期望的目的。"同时，爱默生认为："所有伟大人物都是从艰苦中脱颖而出的。"

为此，我们特别推出了"中外企业家成长启示录"丛书，精选荟萃了现当代中外在钢铁、石油、汽车、船运、时装、娱乐、传媒、电脑、信息、商业、金融、投资等方面最具有代表性的企业家，主要以他们的成长历程和人生发展为线索，尽量避免冗长的说教性叙述，采用日常生活中富于启发的小故事来传达他们的精神。尤其着重表现他们所处时代的生活特征和他们建功立业的艰难过程。本套作品充满了精神的力量、创业的经验、经营的学问、管理的智慧以及财富的观念，相信我们广大读者一定会产生强烈的共鸣和巨大的启迪。

为了让广大读者更方便地了解和学习这些企业家，我们还增设了人物简介、经典故事、年谱和名言等相关内容，使本套作品更具可读性、指向性和知识性。为了更加形象地表现企业家的发展历程，我们还根据他们的成长线索，适当配图，使之图文并茂，形式新颖，以便更加适合读者阅读和收藏。

我们在编撰本套作品时，为了体现内容的系统性和资料的翔实性，参考和借鉴了国内外的大量资料和许多版本，在此向所有辛勤付出的人们表示衷心谢意。但仍难免出现挂一漏万或错误疏忽，恳请读者批评指正，以利于我们修正。我们相信广大读者通过阅读这些著名企业家的人生成长与成功故事，会更好地把握自我成长中的目标和关键点，直至开创自我的幸福人生！

人 物 简 介

雷·克洛克（Ray Kroc，1902～1984），美国企业家，生于伊利诺伊州。

1955 年，他接管了当时规模很小的麦当劳公司的特许权，将其发展成全球最成功的快餐集团之一。他被《时代》杂志列为全球最有影响力的企业创始人之一。在这个世界上，几乎没有人不知道有着金色"M"形标志的麦当劳。

1902 年，克洛克出生在伊利诺伊州芝加哥市的一个捷克裔家庭。第一次世界大战结束后至 20 世纪 50 年代初，他先后在多个行业谋生，如做纸杯推销员、钢琴演奏员、爵士乐手、乐队成员，以及在芝加哥电台工作。最后他成了一名综合奶昔搅拌机推销员，行销全美国。这个工作让他认识了理查德和莫里斯，即麦当劳兄弟。1948 年，这对麦当劳兄弟在加州圣伯那地诺开设了第一家麦当劳餐厅。他们独创的汉堡餐厅生意非常好，居然同时使用 8 台奶昔搅拌机。

1961 年，克洛克从麦当劳兄弟手中买下了公司。他们达成一项协议，即：麦当劳兄弟一次性获得 270 万美元出让麦当劳连锁餐厅，每年还可以得到公司总营业额的 1% 作为专营权使用费。

1974 年开始，他成为圣地亚哥教士棒球队老板。

1984 年 1 月 14 日，克洛克因心脏病在加州圣地亚哥的斯克里普斯纪念医院逝世，享年 81 岁。

❧ 成就与贡献 ❧

克洛克说："我要的是全力以赴献身事业的人。如果谁只想挣钱养家过安逸的日子，谁就别到麦当劳来干。"

克洛克是一个大器晚成的人，他 52 岁时，还是个经营奶昔机公司的小老板。当克洛克与麦当劳相遇后，一切都有了翻天覆地的变化。

克洛克

克洛克成功的一个秘诀，是他经营有方，创造性地提出了经营麦当劳快餐店的3项标准：品质上乘，服务周到，地方清洁。这成了麦当劳区别于其他快餐业的标志之一。

克洛克还制定了一整套严格的质量标准，在保证质量的同时，还必须强调一个"快"字。为保证食品新鲜，还明文规定汉堡包出炉后10分钟或法式土豆条炸好后7分钟内卖不掉的话，就必须扔掉。每一位来到麦当劳的顾客，都能在50秒钟内吃到热气腾腾、味道可口的汉堡包和其他食品。

注重广告宣传，也是克洛克大获成功的一个因素。麦当劳每年花在广告宣传上的费用高达几个亿。公司还创造了"麦当劳叔叔"这个令人难以忘怀的形象来做广告。

"麦当劳叔叔"这个小丑般的形象，特别受到孩子们的欢迎。"麦当劳叔叔"成了全美电视广告上为麦当劳宣传的代言人。

地位与影响

克洛克是世界上最大的"厨师"，他拥有全球最大的饭店——麦当劳快餐连锁店，可谓是每顿饭有几亿顾客同时就餐。克洛克其苦心经营一生始终坚持的哲学是："一个人应该充分利用每一个落在头上的机会。每一个人都要自己创造幸福，自己解决难题。"克洛克的成功神话，已成为今天创业者效法的榜样。

克洛克信奉毅力和恒心，具有独到的眼光和超人的魄力，凭借这种素质，他终于由一个仅有高中二年级文化水平的人，成为一个优秀企业家、世界闻名的大富豪。

今天的麦当劳成为美国文化的一种象征。克洛克成为家喻户晓的传奇式人物。他凭借其敏锐目光和超人智慧，不但建立起了麦当劳王国，还推动了快餐连锁业的迅速发展。麦当劳王国的建立，不仅是一种商业革命，它更是一种饮食文化上的革命。克洛克的经历，使许多美国人圆了一个从白手起家到发财致富的美国梦，也留给了世人，尤其是立志在商海上拼搏的人许许多多值得深思的启示。

克 洛 克

克 洛 克

少年的时光

在做生意的过程中，光靠拼命地工作还远远不够，找到正确的方向，精确地估计市场和形势，这才是至关重要的。

—— 克洛克

从小受到音乐熏陶

1902 年秋天，明媚的阳光洒在美国芝加哥一个名叫奥克帕克的小镇上，山川、田野、河流都在阳光下伸展着秋天的身姿。

在一户普通的犹太移民家庭里，路易斯·克洛克正在欣喜而焦急地等待着，因为今天，他的太太罗斯就要给他生小宝宝了，路易斯满心的欢喜憧憬着："我即将成为父亲了！"

路易斯·克洛克是西部联合公司的一名雇员，他没有太多文化，在其只有 12 岁的时候，上到八年级就辍学离开了学校，然后就到公司去工作。路易斯对待工作一直热情而勤奋，多年来兢兢业业，很受人们的赏识，所以他缓慢但却稳定地得到了提升。

而在生活中，路易斯也是一个兴趣广泛的人，他后来遇到了钢琴弹得很好的罗斯，两人一见钟情，结成连理。夫妻俩没事的时候，就会组织一个小型的歌唱队，到家里聚会演唱。

罗斯有一副菩萨心肠，跟亲戚邻居们和睦相处，她把家治理得整齐、干净，井井有条。

"哇——"一声婴儿的啼哭打断了路易斯的焦虑，接生婆奔出来告诉他："路易斯，罗斯给你生了一个男孩！"

初为人父的路易斯大喜若狂，他把儿子接到手中，抱在怀里左看右看，怎么看怎么喜欢！

镇上的人都到路易斯家里来祝贺，人们围拢在刚降生的小家伙身边，七嘴八舌地夸着："这孩子长得可真结实！""这小家伙的眼睛可真亮啊！""你看他那小嘴巴，一看就像他爸爸那样会唱歌！""他的小手指又细又长，长大了肯定跟罗斯一样，是一个弹钢琴的好手！"

这时一个老人问路易斯："路易斯，孩子叫什么名字？"

路易斯听了不好意思地一笑："哎呀，光顾高兴了，竟然把这件事情给忘了！"

人们一起笑着看路易斯："你呀，怎么没想着给孩子起个好名字呢，看来你还没做好当爸爸的准备吧？"

罗斯却笑着说："我早就想好了，雷蒙德，我们的儿子叫雷蒙德。"

说着，她微笑着看着丈夫。路易斯也心领神会地一拍脑袋："对呀，我们俩早就商量过了，我们的儿子叫雷蒙德。"

大家都说："嗯，雷蒙德，是个好名字。"

刚被命名的小雷蒙德·克洛克睁着大大的、黑黑的眼睛，好奇地四处转动，看着那些对他面带慈爱的长辈亲友们。小克洛克就在亲人、邻居的呵护下快乐地成长着。

路易斯和罗斯亲切地把小克洛克称为"雷"。后来，雷又有了弟弟鲍勃和妹妹洛雷恩。

雷从小就聪明好动，活泼可爱。而从他记事的时候起，家里就时时充满着音乐和歌声，父亲带着他的乐队来家里演唱，母亲弹钢琴。男人们唱歌的时候，雷就会带着弟弟在楼上自己玩。

只要楼下的音乐一停，兄弟俩就会停止做游戏，跑到厨房上面的缝衣房里，拉开地板上通暖风的栅格。罗斯就会把她正在吃的小点心放在一个盘子里，路易斯则会把盘子放在一把旧扫帚上，举起来递给雷和鲍勃。

雷最喜欢看妈妈白皙而修长的手指在一排排的琴键上敲击着，各种各样好听的音乐就一串串地流淌出来，简直太神奇了！雷就像看魔术一样。他听着听着音乐，就会出神地把什么都忘记。

罗斯为了使这个有 3 个孩子的家庭、不太宽裕的经济条件增加一些收入，经常出去给别人上钢琴课。

每次妈妈弹完，都会望着雷出神的样子，开心地亲着他的小脸。

雷开始缠着妈妈："妈妈，我也要学弹钢琴，就像您这样，手指一动就会变出好听的音乐来，您来教我好吗？"

罗斯看着雷那期待渴望的眼神，微笑着摸着他的脑袋："雷，你觉得会弹钢琴是一件很让人羡慕的事情吗？"

雷肯定地使劲点了点头："那当然了！小伙伴们都因为您会弹钢琴羡慕我呢！"

罗斯这时郑重地对儿子说："可是你知道吗？钢琴学起来就没有你看得那么轻松了，很累人的。"

雷着急地保证说："我保证我会努力的。"

罗斯说："光努力还不够，重要的是坚持。"

雷睁着大大的眼睛看着母亲，"妈妈，我一定能坚持下去。"

路易斯刚巧从楼上下来，他看到眼前这一幕，他笑着耸了耸肩，对妻子说："罗斯，看来雷就要成为你下一个学生了。"他说着走下来，蹲在雷的面前，注视着儿子的眼睛："记住，雷，自己下了保证的事情，就一定要做到。"

雷又用力冲爸爸点了下头："嗯。"

路易斯又鼓励雷说："好好跟妈妈学，如果你弹得足够好了，我就让你代替妈妈给我们的歌唱队伴奏。"

雷一听，兴奋地跳了起来："好啊！我一定跟妈妈把钢琴学好。你可别忘了答应我的噢！"

雷由于天生就秉承了父母在音乐上的天分，自小又受到了很好的音乐熏陶，所以他的钢琴学得又快又好，学了不长时间，他就能弹奏一些简单的曲子了。

罗斯看着儿子的进步非常高兴，但她丝毫没有放松对雷的训练。

当时，棒球是美国全国性的娱乐活动。路易斯自己就是一个棒球迷，在他们家后面那条街上，经常举行邻居间棒球大型比赛。路易斯还经常带着六七岁的雷去观看芝加哥当地最有名的棒球队幼狐队打比赛；并给雷介绍着幼狐队的著名球星廷克、埃弗斯、钱斯，他们相互配合经常双杀的场面给雷留下了深刻的印象。

雷深深地喜欢上了棒球，一根满是坑痕的硬木棒和包着胶皮的球，就玩得热火朝天。往往会有这样的情景，雷正玩得满头大汗、兴高采烈的时候，罗斯就会到后廊叫："雷蒙德，到练琴的时间了！"

雷顿时感到了痛苦和失望："天啊！"他看着手里的棒球棒，迟疑了一下，终于放在地上，"妈妈，我来了。"

其他孩子们都在雷的身后，发出一阵哄笑声，一个矮个的金发小男孩还扮着鬼脸，尖着嗓子学着罗斯的声音和语气："雷蒙德，到练琴的时间了！"这又引来一阵更大的哄笑声。

雷拖着脚步，低着脑袋回到家里。罗斯看着雷不开心的样子，问他："雷，你很不高兴回来练琴吗？"

罗斯觉得要好好跟雷谈一谈，她没有打开面前的乐谱，而是坐在椅子上，"雷蒙德，你看着妈妈。"

雷抬起耷拉着的脑袋，看着妈妈。"我早就跟你说过，弹琴不是件容易的事，虽然你已经有了很大的进步，但还远远不够。要想在琴键上熟练地弹奏，就必须不断地练下去。你承诺过答应的事就一定能坚持做到，你忘了吗？"雷沉默不语。

罗斯接着说："等你慢慢长大了，就会明白什么才是真正有出息的人。"雷看着妈妈柔和而坚定的目光，他心里充满了对妈妈长时间教育自己的感激，他笑着对妈妈点了点头。

雷凭着聪明和勤奋，很快就能弹得几乎和妈妈一样好了，他已经可以为爸爸的小歌唱队伴奏了。而且，在他们那个居民区，雷的钢琴弹得熟练也是小有名气了，为此，哈佛公理会合唱班的指挥还请雷去为他的合唱练习伴奏。那些当初嘲笑雷的小伙伴们这时也开始佩服雷了，再也没有人敢嘲笑他了。

暑假开办音乐品店

雷从小就爱好活动，而且没事的时候就喜欢独自坐在那里想事情。罗斯看到儿子这样的时候就会问："雷，你在干什么？"

雷转过神来："没什么，只是随便想想。"

罗斯说："一个空想家。"

不但母亲，好多人都爱称雷为"空想家"。雷却从来不认为他的幻想是浪费精力，因为他一直有一个愿望……

雷常常会去芝加哥市里陪妈妈购物和逛街，但他可不是单纯地逛街，他发现芝加哥闹市的许多大商场里总是有弹钢琴和唱歌的人，他们的优美音乐，吸引了大批顾客，顾客们可以向钢琴师点一首自己喜欢的曲子或者是乐谱上看起来感兴趣的音乐。而那些顾客听完音乐后，又会到出售乐器、乐谱和音乐产品的商店去。

雷当时就赞叹这个办法高明："这样一来，音乐部的销售就会成倍地增长，这真是个好办法！嗯……如果我能开一家经营音乐产品的商店，既用得上自己弹钢琴的唱歌的专长，又能利用自己对乐谱和乐理的知识成为一个内行的店主，那将是多么美妙的一件事啊！"

但是，实现这个梦想需要本钱。雷的叔叔厄尔·爱德蒙在小镇上开了一家小杂货店，这家小杂货店卖各种各样的小吃和零碎的生活用品。由于爱德蒙的勤劳热情，小店的生意非常红火，叔叔一个人忙个不停，所以就雇用雷利用学习之余做他的帮手。

雷每天午饭时间匆匆忙忙地赶到小店里帮忙，他一直偷偷地积攒着叔叔给他的微薄报酬，因为他的心里也有自己的小小梦想。

有一年暑假，雷冒着骄阳，汗流浃背地来到小镇上，去小店帮忙。

假期不像平时，大多数时间雷可以待在店里看着出出进进的人们，思考着做生意的窍门。他学会了要微笑和热情地对待顾客，简单而礼貌地问问他们的身体和谈论一下外面的天气。等顾客买完东西，再礼貌地说声"再见、欢迎下次光临"之类的话。

叔叔很欣赏雷这么小就很有经济头脑，看着雷老练地应付顾客，他经常对嫂子罗斯称赞侄子："雷这个小伙子可真聪明，你看他在冷饮柜前卖饮品和冰点，动作是那么敏捷，与人说话的口气既有礼貌而又干脆。"

罗斯微笑地听着。

爱德蒙接着强调说："最主要的是他学每一样事情都是那么快，中规中矩，甚至做得更好！我敢打包票，雷会在生意行里做得很出色。"

罗斯却不这么想："那要看他自己愿不愿意了。"

因为这是雷初中的最后一个假期了，他想做点自己想做的事了。在给叔叔帮忙的间隙里，他就有了一个想法——设一个卖柠檬水的摊位，甚至他还想好了摊位摆放的地点和进货的方式。他仔细地算过投入的本钱，发现自己攒的钱可以应付。

雷立刻就实现了自己的设想。令他出乎意料的是，他的生意还做得相当不错呢，他卖出了不少的柠檬水。

这个小小的成功，让雷的干劲更足了，他说："我要把自己的梦想都变成现实！"

雷不像大多数学生那样把假期打工挣来的钱作为平时的零用钱，他为了自己的愿望，把平时和假期帮叔叔挣来的钱都存在银行里。

有一天，雷发现自己攒下来的钱已经可以实现自己那个小小的愿望了，他兴奋得跳了起来！

雷马上从银行里取出了自己在大人眼里还少得可怜的小小积蓄，

高高兴兴地回到家里，找到了两个很要好的朋友："我有个想法，我们到镇上去租一间小店面，开一家小小的音乐品店，如何？"

两个朋友都很同意，问他："要投资多少钱？"雷回答："每个人投资100美元就足够了，我们租便宜的房子。"

在几个年轻人卖力的活动下，小店很快就正式开张了。他们把小店布置得既干净又漂亮，店里摆着一批活页的乐谱和比较轻便小巧的乐器：口琴、风笛、尤克里里琴等。雷还把家里钢琴也搬进了店里，依照大商场的样子摆放在合适的位置上。

雷终于实现了自己这个小小的愿望，他满怀希望地期待着自己有生以来第一次"商业"策划的成功。他把暑假的所有精力都投入在了音乐品店里。

小店开业的第一天，雷搞了一个小小的演奏会，他应顾客们的要求，弹奏一曲曲钢琴音乐；还一边唱歌，一边向顾客介绍、宣传自己店里的音乐品。

但是，由于奥克帕克小镇并不大，而且之前已经有了几家音乐品商店，人们对音乐品的需求并不像雷所想象的那么大。所以，小店的生意也没有像雷想象的火爆起来。

过了几天新鲜日子，生意就越来越冷清，每天来不了几个顾客。生意不好，但房租是不能免的。虽然几个年轻人干得很卖力，但是他们终于承认：光凭热情是无法维持的。

最终不得不把剩下的存货都盘给了另外一个音乐品商店，然后将剩下的钱平分成3份，"小小音乐品店"只存活了几个月就夭折了。

平生第一次生意虽然没有成功，但雷从这件事上总结出：在做生意的过程中，光靠拼命地工作还远远不够，找到正确的方向，精确地估计市场和形势，这才是至关重要的。自己还要到实践中去慢慢地摸索这些经验！

演讲辩论练就口才

由于路易斯详细地了解芝加哥的幼狐棒球队，而且对几乎所有球员的情况，包括他们鞋子的尺码都了如指掌。这使克洛克与其他小孩子谈论棒球队员时占尽上风，尤其是涉及有关幼狐队的争论时更是如此。

那个暑假，克洛克虽然搞了很多演奏，也唱了很多歌，但卖出去的东西并不多，只好放弃了这个生意。

暑假之后，就开始了他的高中生活。克洛克带着暑假实践经验的充实心态，背着书包进入高中校园的第一天，就在心里暗想："这是一种怎样的生活呢？"

当年，克洛克还刚刚上小学的时候，他就渴望像大一点的孩子一样，在高中可以参加童子军的夏令营。这时，克洛克终于可以参加童子军了，因为由于克洛克懂音乐，学校还让他当了一名号手。所以他还为实现自己的愿望高兴了一阵子："在童子军的乐队里做一名号手，那是多么神气的事啊！"

克洛克认真地吹着擦得锃亮的小号，在各种会议上发出嘹亮的声音。他卖力地演奏着。

但后来克洛克渐渐发现，吹号只是一个很有限的而且他在各次会议上都在反反复复地做相同的事情，号只是个不起眼的东西，他不可能取得更大的长进，所以他就毅然退出了童子军。

从此以后，克洛克感觉他的高中生活过得太漫长了：作业总是那么繁重，老师站在讲台上讲着一些死板的理论。克洛克越来越感觉到，没有什么东西能吸引他获得更大的长进。

后来克洛克发现，他依然能够成为学校里引人注目的一个人物，是因为他喜欢辩论，假如辩论的对手占了上风，克洛克就会毫不犹豫地寻找机会去驳倒他，克洛克的口才的确是太厉害了。

有一天，放学后克洛克准备收拾好书包回家去，这时，一个他不认识的黑头发黑眼睛的女孩叫住了他："雷蒙德·克洛克，你好，请等一下。"

克洛克转回头去看着这个和他年纪差不多的女孩，很有礼貌地问道："你好，我想……我不认识你，你找我有什么事吗？"

女孩走到克洛克的跟前，带着邀请的期待眼神看着他说："哦，是这样，我们要组织一个辩论赛，对手是镇上另一所高中的学生。我们听说你的口才很棒，所以想请你加盟我们，你有没有兴趣？"

本来生性就喜欢挑战的克洛克一直喜欢成为人们注意的中心，此时一听大喜过望，心想：辩论赛，这是一个好方式，可以在人们面前各抒己见，然后与不同的观点进行交锋，大家凭嘴来分出胜负，能够在大庭广众面前扳倒对手。这是多么刺激和富有挑战的一件事！

克洛克爽快地答应了："好，我同意加盟！"

这次辩论的题目是"是否该禁止吸烟"。但这时克洛克站在了处于劣势的一方，他们抽到了"应该"，也就意味着，他们这一方要为吸烟的行为来进行辩护。

克洛克一方的一个男孩一看就嚷了起来："有没有搞错啊！世人皆知吸烟明明是对人身体有害的，我们怎么能颠倒黑白把坏的说成是好的呢？"

邀请克洛克加盟的那个女同学一看这种情况，顿时就泄了气，她连连说："真倒霉，竟然抽到了下下签。雷蒙德，看来我请你来可能反倒是害了你。"

他们队伍中最小的一个女孩神情沮丧地问："难道我们不得不放弃吗？"

克洛克却不这样认为："不要紧，我想这会是一次令人精神振奋的交锋！大家都打起精神来，认真对待这次挑战，不要还没上阵就被吓死。毕竟现在鹿死谁手还很难说，是不是？大家都别愁眉苦脸的，我们不要轻易认输，要树立信心——我们是不容易被打败的！"

大家听了克洛克的话，都大受鼓舞，他们积极寻找对自己一方有利的论据，并寻找对方有可能出现的论点中的漏洞，他们做好了充分的准备。尤其是克洛克，他就像一个斗士一样，眼睛放光，照亮了家里所有人疑惑的脸色。

决战的一天终于来到了！

辩论双方都早早地来到了举行比赛的礼堂。克洛克以为他们来得已经够早的了，但他们进去之后才发现，对手已经早就在那里等着他们了。看到克洛克他们进来，对手不由得一个个挺起了胸膛，显得信心满满的，用俯视的目光蔑视着克洛克和他的盟友。克洛克想：他们抽到了有利的辩论方向，看来他们的准备也做得很充分了。

时间到了，比赛开始！

对手首先阐明观点，果然不出克洛克所料，他们做了充足的准备，他们把烟草的危害的各种表现和结果都做了全面而详细的搜集：吸烟者因此患病后的症状，医学界各有关数据，专家的观点，全球有关禁烟命令的举措，各类有说服力的数据……

的确，他们讲得很好，甚至单从这些科学观点来入手，简直是无懈可击的。

但听着听着，克洛克就发现对手犯了一个大错误：他们把恶魔似的烟草描绘得太黑、太令人讨厌、太作恶多端，而这种东西却在受到有理智的社会的鼓励。

对方的一个男同学手舞足蹈，慷慨激昂地发表完了所有观点，全场报以热烈的掌声。

于是克洛克决定，他要反其道而行之，用美丽的能打动人心灵最深处的词汇，与现实有某种联系的很动听的简单故事，来说明对方的话说过了头，以此来取胜。

该克洛克一方进行申诉了，他从容地站了起来，开始了他的演说："大家好，谢谢对方辩友的精彩发言。那么在这里，我只想讲一个故事，听完了这个故事，我想大家会自然得出一些结论，来判断一些事情……请大家耐心点，我不会耽误大家太多的时间。

"我讲的是一个老人的故事，他就是我的爷爷。我最亲爱的祖父菲谢，我这样称呼他，意思是大胡子爷爷。确实如此，我的爷爷有着一幅美丽的大胡子，我小时候最喜欢用手摸他的胡子，他在这个时候也最享受地眯着眼睛，哈哈大笑。

"我的爷爷是一个波希米亚人，他出身于一户贫苦人家，因此从小就练就了吃苦耐劳的性格。他历尽千辛万苦，才带领一家人来到了美国。在这里，爷爷以他的勤劳，付出了多年的劳力，在新的土地上洒下汗水……终于才使我们全家能有得以存身的住所，过上安定一些的生活。

"多年过去了，现在爷爷已经老态龙钟了，我经常看到他在院子里的摇椅上晒太阳，用昏花的老眼看看自己多年辛勤努力收获的一切，然后就会精力不济地睡过去。

"爷爷有两个他最钟爱的东西，一个是他的小狗，我们全家都喊它露丝。露丝跟随爷爷多年，它是那么懂事，风烛残年的爷爷只要有露丝跟着，他走到哪里都不会迷路。露丝还会随时照顾爷爷的口袋，任何小偷也别想打那里面的主意。而另一个，就是爷爷几十年来一直用着的一个烟斗。我有时看着那个泛着古色古香光芒的东西问爷爷：'您这个烟斗有多少年了？'他会笑着告诉我：'多少年了？我也说不清楚，这是我的爷爷传给我的，而我的爷爷也说是从他的爷爷那里传下来的。'

"请大家想象一下，在我们身边，在这个世界上，有多少像我的菲谢爷爷这样的老人，他们辛劳一生，来日无多，对后辈慈爱有加。但是，我们后辈们整日忙碌，没有时间去陪陪他们，他们只有习惯于独处，一个人孤零零地待在老家。他们的动作不再如从前那样轻盈敏捷，他们的眼神不再如年轻时那般敏锐。每当我回到老家，看到爷爷用凝滞的眼神呆呆地望着我的时候，我心里非常难受：爷爷老了，我们谁都无法逃脱终老的一天。

"我们没有工夫陪爷爷，他只好跟他的露丝——那只善解人意的小狗——玩着他们之间的游戏：爷爷将一支小木棍或者小球等东西扔到远远的地方，露丝就会跑过去给爷爷找回来，递到他手里。每到这时，爷爷看着来回奔波、不辞辛苦的露丝，自己则坐在摇椅上笑眯眯地看着。游戏之余，爷爷就会在他那支老烟斗里装上烟丝，默默地吸着，一边看着从烟斗里袅袅升起的轻烟，一边回味着自己的一生——那些或幸福或辛酸的往事，他的脸上显出一种看透世事沧桑的安详神情。"

礼堂里鸦雀无声，大家静静地听着，或者望着克洛克，或者低头想象着他描绘的那一幅画面，甚至有人眼中溢出了湿润的光芒。

最后，克洛克声音已经变得颤抖了，说："除了这些，我的爷爷再也没有什么能让他能感到快乐和幸福的了。大家想一下，你们中有哪一位，会忍心再去剥夺这位满头苍发、满脸白须的老人在世间最后的享受——他心爱的烟斗呢？"

礼堂里已经有人开始小声地啜泣，有的女同学掏出手帕，擦着脸上淌出的眼泪；而男同学们眼圈也都红红的。显然，人们都沉浸在克洛克精彩而打动人心的描述之中。

克洛克已经结束演讲，坐下来等了好一会了，他期待着人们的反应。

突然，礼堂里爆发出了雷鸣般的掌声。克洛克再次站起身来，向听众们鞠躬致意。掌声持续了好长时间。

克洛克这时最希望父亲能听到那些掌声。

克洛克出色的口才在这次辩论中一战成名，大家都说："雷蒙德真厉害，我看世上几乎没有能够难倒他的辩论题目了。"

而克洛克得到的收获最多，他信心大增："无论什么样的话题，无论涉入的难度多么大，我都能够用雄辩家的口才使听众折服。"

面对战争毅然从军

转眼一年过去了，1917 年，克洛克已经读高中二年级了，个子也像被风儿吹着似的蹿高了一大截，长成了一个英俊的少年：眼睛明亮漆黑，闪着聪慧的光芒；鼻梁高挺；薄薄的嘴唇两角向上翘着，让人看了觉得他似乎总是在对着你微笑。

每当克洛克走在小镇上，大家都会称赞说："噢，我们的小钢琴手长成一个漂亮的大小伙子了！"

克洛克是一个闲不住的年轻人，但他不再去做抢棒球的活动，而是在课余时间去推销咖啡豆和其他一些新鲜东西。每到放了学或者节假日，他就会提着一个大包走出家门，谁也弄不清他这次包里装的是什么东西，只看到他从这家走出来，又从那家走进去，挨家挨户，不辞辛劳地做着推销。

在爱德蒙叔叔的杂货店学到的生意经派上了用场，克洛克以自己的精明和微笑赢得了顾客的欢迎，他卖出了很多东西，银行里存折上的数字也在不断地增多。

克洛克自豪地对妈妈说："我现在已经不再需要你和爸爸的帮助，完全可以凭自己的能力养活自己了。"

罗斯笑着说："那你可以自己出去独立生活了。"

克洛克本来想说自己不打算再在学校待下去了，把读书、做作业的时间用在生意上，但他知道，这是父母绝对不允许的，只好打消了这个念头。

可就在这一年，世界却变得不太平起来。早在 3 年前，首先是在欧洲，然后战火的硝烟逐渐向全球弥漫——第一次世界大战爆发了！

美国离欧洲很远，所以那时宣布保持中立，不支持作战的任何一方。那时克洛克还是个 12 岁的孩子，而且战争是在遥远的欧洲，芝加哥奥克帕克小镇的居民还是过着跟往常一样的日子，克洛克还整天沉浸在钢琴乐谱中，丝毫不关心小镇之外的美国和美国之外的世界发生什么。

可是到了现在，形势却发生了很大的变化，美国不再保持中立，宣布对德国作战。由此颁布了义务兵役制，规定凡年满 18 岁至 45 岁的成年男子，都必须从军履行义务。

奥克帕克小镇也不例外，随着"到军中服役去"的号召打破了往日的平静，而变得热闹起来。战争的歌曲也在小镇流行起来，每个人都在唱着以"到了那时"开头的歌曲。克洛克眼看着镇上好多年轻人激情澎湃地到镇府去报名参军，他的心也跟着躁动起来。

虽然这时克洛克才只有 15 岁，但是他却开始关注起世界大战的局势来，每天当他走街串巷推销的时候，都特意向别人打探从前线传来的消息。当时他只希望："我马上就变成 18 岁该多好啊，那样我就可以报名参战，为国效力，并享有军人的荣誉了。"

克洛克觉得，前线才是自己最希望去的地方，但是他还实在太小，干着急也没有办法，只好把这种渴望转嫁到努力做生意上。

这一天，克洛克一放学就提着他的百宝囊又开始他的推销。通过这段时间的生意实践，克洛克很快就摸清了各家对各种商品的需求，街上的一些人家已经成了克洛克的老主顾了。

克洛克走到一家老主顾门前，敲响了那位老太太的门。

老太太打开门一看到克洛克，就热情地对他笑着说："呵呵，快进来吧，我的孩子！"说着一边带克洛克往屋里走一边问："这次又给我带什么新奇玩意儿来了？"

克洛克很有礼貌地说："珍妮奶奶，我这次特意给您选了一些东西，您看看，我敢肯定您会喜欢。"

克洛克刚把包放到地上，老太太的老伴突然手里拿着一张报纸从卧室里跑了出来，他嘴里嚷道："这真是太不像话了！"

克洛克奇怪地问："约翰爷爷，是什么事情让您这么生气？"

老约翰扬着手里的报纸，气哼哼地说："啊，雷，你来看看，上面说，他们竟然连孩子都允许被派到战场上去，让我说他们什么好！"

克洛克不由心里一动，他看着气得喘着粗气的老头子，对他说："是真的吗？让我来看看好吗？"

老约翰把报纸递克洛克，指着上面一块版面说："看看吧，你虽然还小，但也是读书人，应该懂得。这太不像话了！"他余怒未消。

克洛克这些天来一直关注着所有与战争有关的信息，这时急切地接过报纸，赶紧接过来一看：

美国红十字会要组织一支战时救援部队，要在年轻人中进行挑选。凡年满 17 岁者条件合适都可入选。

克洛克高兴得差点跳起来，心里说：机会终于等到了！

克洛克忘记了继续做生意，他匆匆地对老太太说了声："您好，再见。"他提起还未打开的包，飞奔出屋，弄得老太太夫妇俩一头雾水。

克洛克一路跑回家里，家中刚刚开始吃晚饭，正好全家人都在，他即席又展开了他的演说："爸爸，妈妈，我要去参军！"

全家人为克洛克这突如其来的一句话吓了一跳，大家都放下手中的餐具，一起看着跑得气喘吁吁的他。

路易斯问道："你刚才说什么，我没听明白，你再说一遍？你说要去参军？"

克洛克明显看出父母脸上反对的表情，但他丝毫没有犹豫："对，我想跟你和妈妈商量一下，我要去参加红十字会组织的救援队。"

路易斯脸上没有表情："雷，这没什么商量的，不行。"

罗斯也说："我跟你爸爸意见一样，我们不会同意你去做这样危险的事。"

克洛克急了："我看了今天的报纸，说可以让孩子去参军的。"

罗斯说："我们也看了，你刚 15 岁多一点，就算你到了 16 岁，但离国家规定的 17 岁的年龄底线还差一岁呢！"

克洛克激动地辩解："可我跟其他孩子不一样，我已经是大人了。你们也看到了，我能处理好自己的一切，洗衣、做饭我样样在行，我能照顾好自己的。现在国家需要年轻人参战，优秀的有志青年都已经参军走了，难道你们想让我缩在家里当懦夫让别人笑话吗？如果那样苟且偷安，我宁愿死在欧洲的战场上！"

路易斯心里虽然也赞叹克洛克的志气可嘉，但他还是极力想用亲情来劝阻儿子："雷，我和你妈妈都非常爱你，这你非常清楚。不光我们，你的弟弟妹妹也跟我们一样爱你。你怎么忍心说出这样的话让我们伤心?！我们家不能失去你。到了战场上，子弹可是不长眼睛的，你一个小孩子，很容易出事。"

罗斯更是难过得流下泪来："是啊，孩子，你好好在学校里读书不是很好吗？如果没有了你，妈妈活着还有什么意思……"她说不下去了。

克洛克见妈妈如此伤心，惶恐地上前抱住痛哭着的罗斯，罗斯也哭泣着紧紧地搂住了儿子，像是怕失去他一样。

过了一会，罗斯的情绪稍稍平静了一些，克洛克才松开双手，他已经比妈妈高出了半头，他两只手抚着母亲的肩膀，看着母亲，轻声安慰道："妈妈，你放心好了，你知道我有多么机灵的，对吗？当我从战场上归来的时候，那一定成为战斗英雄！到那时，整个奥克帕克都会尊敬你这位英雄的母亲！"

克洛克说到这里，出神地望着前方，似乎正在憧憬着自己成为战斗英雄光荣归来时的情景……

当晚路易斯夫妇都一直没有松口，克洛克也只得作罢。

但接下来几天，克洛克依然坚持自己的意愿，软磨硬泡，充分调动自己的雄辩口才，晓之以理，动之以情……父母终于禁不住他的厉害，被他说服了，同意他报名参军。

克洛克又在报名单上把自己的年龄由 15 岁改成 17 岁，也顺利通过了军方的体检。他被录用从军后，分配到红十字会的救护车队做驾驶员。

克洛克穿上了军装，告别了家乡和亲人，奔赴到康涅狄格州——一个他完全陌生的地方，开始新兵训练。他要学习的项目是汽车驾驶，要练得无论在多么坑洼不平的路上，也要保证把汽车开得平衡安全，并且要掌握许多关于汽车修理方面的知识。

克洛克对一切都感到新鲜，他学得极其用心，很快就超过了同一期的其他新兵学员。

克洛克以为他当然是他们连队里年龄最小的一个，不过后来他又发现了一个内向的男孩，凭着他敏锐的观察，那个男孩应该跟他差不多大，也是谎报了年龄参军的。

那个男孩平时不爱说话，经常看到他没事的时候一个人在一边默默地想心事。当大家在训练空闲的时候跑到附近地区的镇子里去逛街玩乐的时候，那个男孩却总是留下来待在军营里。

克洛克觉得很奇怪：他留下来做什么呢？后来他发现，那个男孩在画画，他不停地画，画完一张再画一张，似乎只要画着就永远也不知道累，他这辈子就像是为画画而来到人世的一样。克洛克留意地记下了这个男孩的名字：沃尔特·迪斯尼。

新兵的训练是相当苦的，但像克洛克这样的年轻人，都有一种报国的热情，有股好胜的倔强劲，而且对即将奔赴的战场有一种冲动和幻想，所以大家都练得相当出色。

大家一边训练，一边憧憬着交谈着到了战场上的情景，心里充满了期待。过了一段时间，终于传来了令人振奋的消息：上级有令，新军的救护车队做好奔赴法国前线的准备！

16 岁的少年克洛克从参军时起，就天天盼着奔走战场的这一天，现在终于盼来了！他兴奋异常，他一连几天都激动得睡不着觉。

就在克洛克渴望马上就到战场上冲锋陷阵，最终成为战斗英雄的时候，却又传来了一个差点把他炸懵的消息：第一次世界大战结束了！同盟国宣布投降，已经签署了停战协定！

这就意味着，他不用再去法国战场了，他成为英雄的梦想也化为了泡影。

克洛克再没有任何理由不回到奥克帕克父母的身边去了，他垂头丧气地回到了故乡小镇。稍休整了一段时间之后，他又背起书包回到学校继续学业。但由于参军，他落下了一大半程的功课，后来实在觉得赶不上同学们的进度了，只好辍学中止了高中课程。

离开学校之后，克洛克只有一条自力更生的路可走了，他下定了决心：要为自己的理想而奋斗！虽然自己没有完成高中课程，但相信自己也不会比别人做得差。

参军这段经历磨炼了克洛克坚毅的性格，他认为，除了书本上的知识，其实在社会这所大学里能学到的东西可能更多。

推销员生涯

　　没有一个自重的棒球手会用同一种方法向每个击球手投球，而每一个自重的推销员也不会一生只使用同一种推销手法。我总是认为，每个人都是自己创造幸福，自己解决难题。这是一个简单的哲学。

—— 克洛克

致力推销参加乐队

1919 年，克洛克从高中辍学了，但他却并没有感到太多的遗憾。他认为自己还有好多的事要去做，按他早年的设想，这些事早就应该全力以赴去做了。

于是克洛克决定从他的老本行推销开始做起。

克洛克这时对推销已经是驾轻就熟了。他通过参军前的实践，几乎能叫得出奥克帕克镇所有人的名字了，而且也能摸清每个人的脾性和爱好，知道他们喜欢买什么东西，所以克洛克能用不同的话语去说服不同的顾客。

聪明的克洛克，大脑就如同一个存储器，把每一个老主顾的口味依照爱好分类，然后根据这些提供商品。不仅卖货的时候，平时他有时间就到那些老主顾家里，坐坐、聊天，然后从谈话中顺便询问他们需要什么东西，这样更有利于安排进货。

克洛克在一段时间之内一直在推销一些丝带和小饰品，这深得小镇上那些女性顾客的青睐，她们一见到克洛克就会高兴地冲他喊："雷蒙德，到

这边来，我上次告诉让你给我带一些纽约最流行的丝带，你没忘了吧？"

克洛克就会笑着冲她扬扬手中的大提包："不会忘的！喏，都在这里边呢！"

克洛克的生意很好，他心里乐得开了花，越做越起劲。随着做生意的范围不断扩展，克洛克已经不再只限于奥克帕克小镇了，他已经在周围的城市和其他小镇开辟了新的市场。

当他来到一个新的地方时，总会先找一家旅店住下来。然后，打开他的百宝囊，从里边掏出那些美丽的丝带、精美的小饰品、五颜六色的袜带和用来装饰床垫上的花苞等，每一件都摆在他认为合适的位置上，将一幅黑色天鹅绒挂在墙壁上，用来作为背景。

他自己退后几步，站在稍远的地方打量，得意地微笑道："嗯，漂亮极了！"

完成初步的工作后，克洛克再将行李打开，换上整洁的衣服，走出了旅店。他挨家挨户去敲开当地人家的门，很有礼貌地向家里的妇女和姑娘们发出邀请："我带了一些你们会喜欢的东西，有漂亮时髦的丝带和各种饰物，请您有时间到我在镇上旅馆里的样品房去参观一下。"

很快，克洛克在旅馆布置的小样品房里就挤满了好奇的姑娘和家庭主妇们，她们很有兴趣地看着那些克洛克精心摆放的宝贝。克洛克一边领着她们看，一边给她们解说这些东西是多么的物美价廉，让她们觉得如果买得少了都会比别人吃亏。

就这样，克洛克的货物很快就销售一空。

克洛克清点着自己的利润，17岁的他心里充满了惊喜："一周就能赚到25美元至30美元，这样的收入甚至超过了许多大人们呢！"

除了卖小商品，克洛克空闲的时候也不愿意白白地浪费时间，他会到一些夜总会里去弹钢琴，这就又多了一项收入。

没过多久，克洛克与父亲谈起了自己的经营状况，路易斯惊喜地说："雷，你现在已经比我挣得多了。你已经做得很好了，而且懂得建立自己的客户群。继续做下去吧，孩子。"

但克洛克却并不表现得很满足，他说："但是爸爸，这只是我理想的开始，我却不想一辈子都在向那些妇女和姑娘们推销一些小装饰品，还有更远大的志向等着我呢！"

路易斯奇怪地问："这样做下去不是很好吗？而且你可以开一个大商店啊！"

克洛克却说："爸爸，没有一个自重的棒球手会用同一种方法向每个击球手投球，而每一个自重的推销员也不会一生只使用同一种推销手法。我总是认为，每个人都是自己创造幸福，自己解决难题。这是一个简单的哲学。我觉得这个哲学是做农夫的波希米亚祖先从骨头里传给我的。"

路易斯见儿子见解比自己高明，就不再反驳克洛克了。

就在这年夏天，在克洛克生意正火爆的时候，他却选择了放弃，然后前往密歇根州的波波莱克寻找他的梦想。

波波莱克是一个美丽的湖泊，清清的湖水泛着粼粼的波纹，岸边都栽满了茂盛的树木，人走在湖边，呼吸起来都清爽许多。尤其一到夏天，波波莱克就成为避暑胜地，不仅本地人，好多外地人也都到这里来游玩、度假。

克洛克刚到波波莱克，先是参加了一个乐队担任演奏手。队长20多岁，是一个长发飘飘的大男孩。他们当然会选择人多的地方演出，他们要把人们从周围的旅馆里吸引出来观看他们的演出。

克洛克也着意打扮了一下自己的"艺术形象"：把自己的头发从中间分开，涂上润发脂，使头发向后贴，看上去就像漆皮一样，穿上色彩鲜明的条纹夹克衫，头戴硬草帽。

这样一群年轻小伙子，唱着青春狂热的歌曲，跳着活力四射的舞蹈，的确能够吸引人们的注意力。

夏天，乐队一到湖边，首先的工作就是从车上卸下所有的家当，然后开始搭建大篷。克洛克与乐队其他成员一起，努力把大篷建好，小伙子们把他们的简易大篷称为"爱迪加"。

傍晚建完大篷，几个人已经累得筋疲力尽了，但是他们不敢休息，抓紧时间吃完晚饭，就登上了停泊在湖中的一艘渡船，然后把船沿着湖边开，并拼命地演奏，把曲子奏得震天响。

队长从箱子里拿出一个大喇叭筒，递给克洛克："雷蒙德，我们的乐队还需要宣传，咱们当中你的嗓子最好，又有口才，这个任务就交给你了。你用大喇叭把我们的乐队介绍给大家，让人们知道我们有多么棒。这可是重要的一环啊！"

克洛克觉得这种宣传方式非常新鲜，他兴奋地接过喇叭筒，站上船头，深吸了一口气，在一瞬间就想好了台词："大家好，今晚请到爱迪加来跳舞，千万别错过了快乐的机会！"

克洛克好听的嗓音通过大喇叭筒远远地传送出去，岸边正在游玩的人们都循声向渡船看去，发现了这个站在船头的英俊少年，他黑黑的头发下面一双闪着快乐兴奋的光芒的大眼睛，声音是那么好听！

常到湖边的许多人中有俩姐妹，一个名叫埃塞尔·弗莱明，另一个叫梅贝尔·弗莱明。埃塞尔马上就对克洛克好听的声音入迷了。

姐妹来自伊利诺伊州的梅尔罗斯帕克，夏天来父母办的一个旅馆里帮忙。这个旅馆就在爱迪加大篷对面的湖边。埃塞尔的父亲是芝加哥的一名工程师，他平时不怎么来旅馆，一直是姐妹俩的母亲管理这个旅馆，还负责做饭和大部分家务活，她是个精力非常充沛的女人。

姐妹俩听了克洛克为他们乐队做的"活广告"后，晚上划着小船就来到了爱迪加大篷，和许多人一起听歌、跳舞。

人们聚集在爱迪加大篷内外，在美丽的月光下，伴着优美的音乐翩翩起舞。克洛克每当在演奏的间隙抬起头，总会遇到埃塞尔向他射来的火辣辣的目光，他也报以热情的微笑。而且还加入人群与埃塞尔一起跳舞、唱歌。

舞会结束后，已经处得相当默契的克洛克和埃塞尔并没有马上说再见，他们依然想再玩点什么。于是克洛克邀请埃塞尔和妹妹梅贝尔一起去吃汉堡包和维也纳烤肉。吃完饭，他们又借着已经偏西的月光，在清风拂面的波波莱克湖上荡舟谈心。

几乎从一开始，克洛克和埃塞尔就互相吸引了对方，接下来的恋爱几乎是顺理成章的，爱情的火焰在夏日的催动下迅速燃得熊熊，势不可当。

家庭亲情放在首位

1919 年的夏天结束了，克洛克又回到了芝加哥，在金融区里的纽约场外证券交易所当标牌注记员。他的雇主是一家名叫伍斯特—托马斯的公司，听起来非常有实力。

克洛克在公司里主要负责阅读凿孔纸条，把上面的符号译成价格，然后挂到黑板上供经常到他们办事处来的人们仔细研究。

埃塞尔也来到芝加哥，与她父亲住在一起。

1920 年初，路易斯由于工作非常努力，被提升到了公司的管理层，并调到纽约工作。这家公司是西方联合公司的一个子公司。这样，全家人就都要跟着路易斯一起搬到纽约去了。

克洛克当然不愿意，因为他已经与埃塞尔处在热恋当中，两个人已经无法分离了。

克洛克说："妈妈，我不想离开芝加哥，我在伍斯特—托马斯公司做得很好。"

罗斯却说："你到了纽约，也可以调到伍斯特—托马斯在纽约的办事处去啊！"

克洛克不得不说出实情："我不想跟埃塞尔分开。"

罗斯说："那也没关系，你可以在周末和休假的时候回来看埃塞尔。雷，你是我们家庭的一分子，如果你不跟我们在一起，你爸爸还会专心在纽约工作吗？你也知道，你爸爸是通过多么兢兢业业的努力才得到这宝贵的提升机会啊！"

克洛克不想再让妈妈伤心，参军的时候妈妈已经为他担了好长时间的心了。他想了一会，然后跟父母商量说："好吧，妈妈，我可以跟你们去纽约。但是，我想尽快和埃塞尔结婚。"

罗斯听了很惊讶，她说："雷，你虽然离开学校自己闯荡社会了，但你毕竟只有 18 岁，你不觉得这么小就结婚太有点操之过急吗？况且，埃塞尔的父母也不会同意你们这么小就结婚的。就算人家同意，也要到了纽约再说。"

果然如罗斯所说，埃塞尔的家人也表示不让他们马上就结婚。

本来，克洛克就已经厌倦了在伍斯特—托马斯公司那种每天在黑板上挂标牌的工作，现在已经没有什么理由再等下去了，只好跟着家人去了纽约。

每到周末或休假的时候，克洛克就飞回芝加哥去与埃塞尔相会。

克洛克到了纽约之后，父亲给他在一家证券交易所谋了份做出纳的差事。但克洛克很快就发觉自己不喜欢这份工作，几乎每天简直像被困在牢笼里一样，而且每天单调无聊的工作丝毫没有一点挑战性和新鲜感。

结果是，克洛克对这件事的烦恼只不过坚持了一年多一点。有一天清晨，克洛克像平时一样赶去上班，却看到办事处已经被钉上了木板，上面贴着县长宣布公司已经破产的布告。

这件事刺伤了克洛克，因为他们还欠着克洛克一星期的工资和休假时间呢。他原本计划下一周休假去芝加哥与埃塞尔见面的。现在纽约的一切都已经没什么值得留恋的了，克洛克反而觉得轻松了，他觉得已经没有什么理由再等下去了，他决定离开纽约。

克洛克一回到家就告诉母亲："妈妈，我已经决定了，明天就离开纽约，而且我不想再回来了。"

罗斯虽然不愿意儿子离开，但也没有办法。克洛克第二天就离开纽约回了芝加哥。罗斯心里十分忧伤，由于儿子的关系，她也感觉自己不喜欢纽约了。

于是，罗斯就开始劝路易斯："亲爱的，我想工作虽然很重要，但它并不是生活的全部，我觉得全家人能在一起才是最重要的。现在雷一个人在芝加哥，我每天都为他担心。我考虑再三，认为我们不如还是回芝加哥，回到以前幸福的生活中去。"

最终，罗斯说服了丈夫，路易斯放弃了提升的机会，一家人重又搬回了芝加哥。

1922 年，克洛克和埃塞尔都认为，他们等待的时间已经够长了。虽然他们仍然是未成年的人，为了结婚，他们准备克服各种困难。

路易斯听了，却露出了不为所动的目光，并对儿子说："雷，你现在就要结婚是不可能的！听我说，你要结婚，首先必须有份稳定的工作。"克洛克说："想找份工作也不是难事啊，你所指的稳定的工作是……"

路易斯说："我并不是说在旅馆当跑堂或招待。我指的是一些有价值的工作。那样你才能像个男人一样承担起对家庭的责任。你想，你总不能让你的妻子和你一样过着不稳定的动荡生活，对吧？"

克洛克回到自己的卧室，把爸爸的话仔细想了一下，他觉得父亲说得对。稳定美满的家庭对于一个人的事业是牢固的后盾，自己想要给埃塞尔幸福安定的生活，就必须要在结婚前有一份稳定的工作。

不过，世上还没有什么能难得倒坚忍顽强的克洛克，他几天后就去为莉莉牌纸杯子公司做推销员了。他自己也不知道是什么驱使他对纸杯子有了兴趣，也许主要是因为他们具有创新精神，而且正处在发展之中。克洛克敏锐地感觉到，这个新生事物将是美国向前发展的一部分，他一直喜欢有创新意识的产品。

克洛克想：这一回爸爸肯定会同意的。埃塞尔的父母也在埃塞尔的坚持下同意了。于是，两个年轻人在经过了两年多的恋爱之后，终于结成连理。

克洛克和埃塞尔多么高兴啊！克洛克对新婚妻子说："我感觉一切都是那么的温馨快乐，家才永远是最让人感到温暖的地方！"

初为人父辛勤工作

1922 年夏天，克洛克到莉莉纸杯子公司做推销员，他每天都要把装着满满纸杯的箱子带到大街上去推销。

20 世纪初的时候，在美国卖饮料和冰点的都是用玻璃杯，纸杯子这种东西还属于一种新生事物，人们一时还不能接受。

所以，刚开始的时候要想卖掉几个纸杯都是件很困难的事。每当克洛克走进一家餐馆推销的时候，餐馆的老板都会摇着头对他说："对不起，我们已经有了玻璃杯，它们用着很好，而且还很便宜，人们已经用习惯了。我们不需要纸杯子。"

克洛克在一次次碰壁之后，他反复琢磨人们之所以不太接受纸杯子的原因，然后寻找突破口。

很快克洛克就发现，纸杯子干净卫生，人们如果用它们来买冷饮的话，需要带走更方便一些，因为纸杯子不像玻璃杯掉到地上那么容易破碎，所以顾客就不必担心不小心掉在地上。而卖冷饮的也不会常常因为店里有人打碎了杯子而蒙受损失，并且，每天洗玻璃杯也确实使他们的胳膊疼痛；如果他们为了给玻璃杯子消毒而把水烧得很开，又会有一片热气从冷饮店后面冒出来。

纸杯子可以解决这些问题。于是克洛克得出一个结论：把纸杯子推销给冷饮店，比推销给餐馆要相对容易得多。

克洛克就利用自己总结出来的说辞来推销，很快纸杯子就在好多冷饮店中打开了销路。

克洛克有了一些固定的顾客，但他干得也很辛苦，每天从清晨一直到下午 17 时或 17 时 30 分，他一直奔走在自己推销区的人行道上，甚至有时候连早饭都顾不得吃。

本来克洛克还可以把时间延长一点，但他还有一份在18时开始的工作，那就是在奥克帕克的广播电台弹钢琴。演播室在奥克帕克的阿姆斯旅馆，离埃塞尔和克洛克居住的两层公寓楼只隔几个街区。

在电台里，克洛克和一个名叫哈里·索斯尼克的正式钢琴师一起演奏，能用耳机收听他们演奏的人称他们是"钢琴双胞胎"。他们开始受到听众的喜欢。

当哈里·索斯尼克离开电台到著名的泽·康弗雷乐队担任钢琴师的时候，他与克洛克的照片开始出现在乐谱的封面上。哈里在康弗雷乐队取得很大成功后，成立了自己的乐队，而且成了电台"轰动的游行"节目中的固定演出人。

哈里离开电台，克洛克成了电台的专职钢琴师，这样一来，他每天就要完成两份工作，必须在晚上18时赶到电台，演奏两个小时，在晚上20时至22时之间休息，然后再工作到凌晨2时。早晨7时左右，他就要带着纸杯子样品出去寻找订单。

这些有规律的工作只有在周日的时候才会中断，那天莉莉公司会给克洛克放一天假，但电台不放假，他下午还得在电台工作几个小时。周一晚上电台没有节目，被人们称为"安静的夜晚"。

这年10月，埃塞尔为克洛克生了一个可爱的女儿，克洛克做父亲了！他抱着肉乎乎的小家伙，一遍遍地亲不够。他为女儿取名叫玛丽琳。

在高兴的同时，克洛克也感觉肩上的担子更重了，他决心要给女儿创造一个更好的生活环境，所以他更拼命地工作。周一，克洛克也不再闲着了，他和电台的广播员休·马歇尔还有一份兼职——去一家剧院演出。

在接下来冬季的几个月里，克洛克有时会遇到交通阻塞，到达电台时要晚几分钟。这时，他会看见马歇尔正对着麦克风侃侃而谈，替克洛克拖延时间，一边说着还一边回头向克洛克挥舞着拳头怒目而视。

而克洛克一边抱歉地笑笑，一边迅速脱去大衣、解下围巾，穿着套鞋就忙不迭地开始了弹奏。不过一弹起钢琴来，他就自如多了。

有时，克洛克会遇到一个不认识的女歌手，要求克洛克为她伴奏，但那些歌曲克洛克从来也没听过，所以只得即席勉强为她伴奏。幸好他的良好音乐素质帮助了他，结果都相当好。

克洛克会在电台播出新闻的时候，抽空跑到洗手间去，这时才脱下套鞋，捧起凉水泼在脸上，使精神重新振奋起来，好让现有饱满的情绪坚持到晚上 20 时，结束后赶回家吃晚饭。不过只有一个多小时的休息时间，又要赶回电台，从 22 时坚持到凌晨 2 时。

虽然如此紧张，但克洛克还是很喜欢这种充实而快乐的生活。当最后节目结束时，他精疲力竭地回到家中，一边上楼梯一边脱衣服，到了卧室头一挨枕头就睡着了。

后来，电台还让克洛克担任招聘新人员的任务，以便增加新的节目。有一次，两个人在晚上前来应聘，他们分别叫山姆和哈里。虽然他们唱的歌很糟糕，不过他们的笑话说得相当不错，于是克洛克以每段笑话 5 美元的标准录用了这两个人。

山姆和哈里在克洛克的鼓励下，保持了自己的风格，后来还搞出了一个南方黑人对话的节目，获得了巨大成功。

克洛克还为电台招聘了很有钢琴演奏风格的两个人，一个叫利特尔·杰克，一个叫汤米·马利。杰克的演奏风格很快就得到了听众的认可，后来杰克成名了，组织了自己的流行舞乐队。

克洛克这样拼命地工作，一刻也不得休息。埃塞尔在体谅他的同时，也埋怨他总是把时间用在工作上，很少回家。克洛克感到很委屈："我连一分钟都不愿意闲待着，为了我们活得更好，我必须做两份工作来让我们拥有更多的好东西。"

　　为此，克洛克经常在地方报纸的广告中搜寻有关较富裕的郊区信息，比如弗福里斯特、欣斯代尔和惠顿。他在报纸上找这些地方的房屋出售信息，并经常出没在这些卖房的地方，跟那些老板们讨价还价，买到了一些华贵的家具。

　　后来，克洛克终于在埃塞尔的提议下，向电台申请到了一个在周六晚上休息的机会，埃塞尔非常高兴。

　　这样一来，周六的白天克洛克就在芝加哥闹市区的莉莉纸杯子公司工作半天，下班后，拿着当天付给他的支票，在回家的路上找家银行兑成现金，然后存下一部分，留下够下周买东西的零花钱，就匆匆赶回家中。

　　埃塞尔早就把晚饭做好等着他了，吃完饭，他们穿上自己最好的衣服，乘高架铁路到芝加哥，去看那些剧场的演出。演出结束后，两个人再到亨利茨去喝咖啡，回家时再买一份周日当天的报纸。

　　克洛克觉得这种日子过得非常有趣，他工作的积极性越加高涨，当然业绩也随之上升，这更提升了他的自信心。后来，克洛克就不需要再用很多的话去说服顾客，而是直截了当地向他推销的对象要订单，这种方法往往会收到意想不到的效果。

推销攀上新的高峰

1925 年的春天，克洛克的推销进入了一个新的境界，虽然他依旧奔波在推销纸杯子和为电台工作中，但他却并不满足每周 35 美元的工资了，他发誓要使自己的推销能力更上一层楼。

为此，克洛克一直在寻找机会，怎么才能把餐馆这个领域的市场打开呢？

这一天，克洛克来到了芝加哥南部。他早就听说，当地有一家叫沃尔特·鲍尔斯的很大的纯正的德国餐馆。

克洛克到了鲍尔斯餐馆一看，果然生意非常红火。克洛克决心拿下这家餐馆。克洛克心想："如果把这样一个大客户争取过来，那以后的工作就好办多了！"

克洛克走了进去，找到了那个瘦瘦的、高高的普鲁士人——比特纳经理。经过多次与之交谈，克洛克发现，比特纳是一个对自己要求很严的人，他总是很有耐心地听克洛克向他滔滔不绝地介绍莉莉牌纸杯子，然后很有礼貌地说："哦，谢谢您详细的介绍，不过，我们不买。"

克洛克为此感到很失望，他感觉这个比特纳是一个水火不进的家伙，一次次让自己碰钉子。这反而更激发了克洛克好胜的欲望："我就不信拿不下你这家餐馆！"

这一天，克洛克又来到了沃尔特·鲍尔斯餐馆。

比特纳用往常的方式来对付克洛克：耐心地微笑着听克洛克兜售他的纸杯子；然后委婉地很有礼貌地拒绝；然后微笑着看着克洛克走出餐馆大门，然后向他告别。

克洛克再次遭到打击，他低着头，神情沮丧地慢慢走出餐馆。心里这时也不由打起了退堂鼓："这块骨头真是太难啃了！"

正午的阳光向地面散发着它的光辉和热度。突然，克洛克感觉餐馆后门那里有个东西反射出来的强光照射着他，使他一时睁不开眼睛。他又向那里走了几步，仔细一看，原来是一辆闪光的马蒙牌轿车。

这辆漂亮的轿车是银白色的，车身刚刚洗过，在太阳下发出耀眼的光芒。克洛克羡慕地看着那辆车："谁能有这样一辆车，那在美国也会是一种成功的标志。如果我有一天也能拥有一辆这样的车，天天开着上下班，去拜访那些分散在各地的客户，那是多么美妙的一件事啊！"

克洛克一边憧憬着，一边情不自禁地走到了轿车跟前，仔细地打量着。这时，一个中年人走到克洛克面前，微笑着跟他打招呼："你好，你喜欢这辆车？"

克洛克抬头一看，这位先生戴着金丝眼镜，穿着得体，很有绅士风度。

克洛克回答道："是的，先生！"说到这里，他的心里不由灵机一动。他早就听人说过，餐馆的主人鲍尔斯先生是一个严谨聪明，很有传奇色彩的德国人。他再次仔细打量这位绅士，外貌和气质跟人们说得很符合。

于是克洛克试探地问："请问，您是鲍尔斯先生，对吗？"

那位绅士笑着回答："没错，我就是鲍尔斯。"

克洛克说："哦，鲍尔斯先生，真高兴能在这里与您巧遇，我在想，假如我能有一辆这样的车，那您恐怕已经有了罗得岛和天堂。"

鲍尔斯听克洛克说得这么有趣，不由笑了。接下来，他们在一起谈了一阵小轿车的事。克洛克说："我曾坐在一辆斯图兹·比尔卡特'嘎嘎'作响的汽车上，走在乡村的土道上。那辆破旧的汽车叫得就像一只鸭子一样。哦，我那时正在做丝带推销的生意。"

鲍尔斯蛮有兴致地听着这个年轻人讲述，附和地说："那真是一个人生活中比较有意思的一段经历啊！"

他们又闲聊了半个多小时，克洛克又给鲍尔斯讲了在波波莱克湖上泛舟的有趣故事。鲍尔斯也说："那段生活也许你一辈子也忘不掉吧？"

克洛克说："可不是吗？您知道夏天的夜晚，在明亮的月光下，伴随着美妙的音乐在湖上泛舟，那真是神仙也羡慕的生活。"

鲍尔斯说："你虽然年纪不大，但经历得似乎不少呢。并且我发现，你跟我有许多相同的爱好。"

克洛克无奈地笑了笑："可是现在我却在您这儿遇到了困难。"

鲍尔斯似乎有点意外，但还是笑着问："你是哪家公司的代表？我们与你做过生意吗？"

克洛克说："先生，我是莉莉纸杯子公司的，想向您的餐馆推销这种纸杯子，可是您的经理比特纳先生每次都让我碰钉子。"

鲍尔斯说："呵呵，是吗？餐馆的生意一直都是由比特纳来打理，我不过问具体的细节。不过我相信你一直在坚持着，对吗？"

克洛克说："是啊，我从来都不是一个轻言放弃的人，而且我肯定纸杯子确实是一种很有前途的事业，所以我一直都没有放弃。"

鲍尔斯看着克洛克脸上坚毅的表情，上前拍了拍他的肩膀："嗯，好样的年轻人，那么，你缠住他继续努力吧。比特纳是个不好对付的人，他做事爱较真，有时候连我都对他无可奈何。"说着他无奈地向克洛克耸了耸肩膀。

克洛克听到这里，心不由向下一沉。

鲍尔斯接着说："不过比特纳办事公道，这也是我用他做经理的原因。我想，如果你如此坚持下去，只要你的纸杯子确实能给餐馆带来好处，他是会给你机会的。"

克洛克从鲍尔斯这里得到了鼓励，他继续坚持向比特纳发出攻势。

终于，几周以后，克洛克从比特纳那里得到了第一个订单，而且那是一个实质性的大订单。

拿到订单之后，克洛克高兴地对妻子叫道："埃塞尔，快来看啊！天哪，我终于成功了！"

听到克洛克的喊声，埃塞尔抱着女儿玛丽琳从里屋走出来，问道："雷，什么事让你高兴成这样？"

克洛克把女儿接过来，将订单递给埃塞尔："你自己看吧，埃塞尔，我终于把鲍尔斯餐馆拿下来了。这可是本地最大的订单啊，真是太好了！"克洛克说着，将玛丽琳高高地举过头顶，并不停地使劲亲着女儿的小脸。

埃塞尔心里也十分高兴，他敬佩地看着丈夫："雷，你真棒，一直都是！"

克洛克叫道："我当然是，世上没有我说服不了的客户，没有我拿不下的订单！"说着兴奋地把妻子和女儿都拥在怀中。

从此，克洛克的销售生涯迈上了一个新的高度。而比特纳也的确是一个公道守信的人，他把所有的纸杯子生意都给了克洛克。

由于著名的鲍尔斯餐馆的带动作用，其他餐馆也都随之效仿，纷纷用起了纸杯子。于是，克洛克的订单与日俱增，顺利将纸杯子在餐馆这一领域全面展开了。

克洛克其他的生意也在顺利发展，努力使他的工资得到了提高。有了这些钱，再加上晚上在夜总会和电台弹钢琴的额外所得，在这年的8月，克洛克就到福特车的销售点去以波希米亚人的付账方式——现金——买了一崭新的T型福特轿车。

佛罗里达得到教训

克洛克一直坚持着读早报的习惯，那段时间，他发现报上每天都用大幅来报道有关南方的佛罗里达商业发展的情况。报纸的漫画把面向南方的人口流动与 1849 年的淘金势相提并论，在人们眼中，佛罗里达已经成为平民致富的天堂。

与克洛克相识的许多推销员，已经经受不住"遍地都是金子"的佛罗里达的召唤，带着全家迁到那里去"淘金"了。

克洛克一直是推销员中最优秀的，他岂肯甘居人后？！于是他也动心了，也想去"创业者的天堂"尝试一下，于是他向公司提出请 5 个月的长假。恰好冬天正是纸杯子的销售淡季，上司也早计划给克洛克休长假的机会当作奖励，就同意了。

克洛克到各个客户那里去，告诉他们在 5 个月内不会有人找他们，但自己将会及时赶回来，给他们上满货，供明年夏季使用。

克洛克回到家就设法说服埃塞尔与他一同前去佛罗里达。并且说明，他也留了后路，5 个月后回到芝加哥莉莉公司继续推销纸杯子。

埃塞尔同意去，但条件是让她的妹妹梅贝尔与他们同行。

克洛克说："这当然好了，人越多就越热闹。"

于是，克洛克和埃塞尔存放好了家具，带上了一些必备的生活用品，就发动了他们的 T 型福特车，沿着老的迪克西公路向南开去。

那真是一次难忘的旅程，离开芝加哥的时候，似乎他们每走 10 千米至 20 千米就爆一个轮胎，等抵达迈阿密的时候，留在车上的轮胎已经全不是原来的了。

每到这时，克洛克不得不把汽车顶起来，拉出轮胎，给那些不卖力的内胎打补丁。有时，就在他正准备充气的时候，另一个轮胎就会突然"砰"的一声爆了。

路况相当糟，尤其是通过佐治亚州的那段红土路，有一段被水冲垮了，那里简直是一片泽国。埃塞尔将玛丽琳抱起来放在自己的膝盖上，手扶着方向盘驾驶，而克洛克和梅贝尔则要在后面推车，每走一步都要付出相当大的体力，因为红土都没过了膝盖。

到了佛罗里达最主要的城市迈阿密时，埃塞尔感到了巨大的失望，因为这里到处都是坐着木筏来与他们一样寻找发财机会的人们。城里大部分的房子都已经租出了，他们为了找到一个满意的住处几乎找遍了整个城市。

最后，在城中的一座旧式的大房子里发现了一个厨房和配膳室，里面有一张双人床、一张单人床、一张桌子和一套椅子。房子的其他地方放满了吊床，被一群男房客占用了，而唯一的洗澡间也要与他们共用。

条件虽然简陋，但至少这还是个住的地方吧。克洛克一家总算是舒了一口气。

克洛克在一家做房地产生意的莫朗父子公司谋了份差事。该公司正准备在拉斯奥拉斯大道一带的劳德代尔堡谋求发展。有人告诉克洛克，这家公司有20辆7个座的哈德逊车。如果你的销售额进入前20名，你在工作时就可以得到一辆哈德逊车和一个司机。

克洛克当时就说："这简直就是为我准备的。"后来事实证明，天生的优秀推销员克洛克的业绩在公司里一路绝尘，遥遥领先于其他业务员，他很快就得到了一辆公司奖励的崭新漂亮的哈德逊车和公司配给的司机。

梅贝尔也找了份秘书的工作，她搬到了自己的公寓房里去住了。埃塞尔自己收拾家里，还要带孩子，整天忙忙碌碌的。

每天，克洛克都到迈阿密商会打听从芝加哥地区来的旅游者名单，然后给他们打电话，向他们介绍自己在这个疯狂投机的长满棕榈树的土地上看到的激动人心的发展情况。他出色的口才和充满激情的解说使这些旅游者都着了迷。

克洛克又用汽车带着他们从公路到劳德代尔堡，让他们亲眼目睹在"新河"沿岸、河与海的连接处所发生的一切。虽然当时地产还在水下，但是下面有珊瑚礁的固体河床，而且疏浚工作已经让入海口的土地露出来，与陆地有永久的桥台相连。

克洛克说服一些人买下了这些地产，尽管当时价格确实是很惊人的，但买了这些土地的人确实在多年后都赚了几倍的利润。

克洛克这时发现，当时与他打交道的人大多是上了年纪的人，他自己那张23岁的脸显得太稚嫩了一些。为了增加给人的信任感，他还留起了胡须，不过没有留多长时间，就在埃塞尔的抱怨声中剃掉了。

正在这个时候，北方报纸报道了佛罗里达的房地产业中的许多丑闻，好多兴致勃勃想到这里投资的人都害怕了，不敢再到这里来投资了。

克洛克受到了巨大的打击，他正在莫朗父子公司的事业刚刚步入一个高峰期，正积极向往出售土地的活动时，整个生意却如空气一般消失了。

一连几天，克洛克都陷入沉默之中，客户一天比一天少，眼看着销售额急剧下降，下一步该怎么办呢？

这天，克洛克又在与其他房客共享的起居室里，一边思忖着下一步该干点什么，一边打量着那台很老的竖式钢琴。

这时，有一个小伙子隔着纱门喊克洛克："你喜欢做演奏钢琴的工作吗？"

克洛克眼前一亮："在哪里？"

"在棕榈岛上，一个叫'夜晚静悄悄'的豪华夜总会。韦拉德·

鲁宾逊的乐队正在招钢琴师。"

那人让克洛克穿上那套蓝色的西服，然后带他去面试。

面试官听了克洛克的演奏之后，对他说："你弹得不错。你的变调演奏很准确，而这正是我所要求的。喂，小伙子，高兴点。"

走出大厦，克洛克再次感觉，佛罗里达的天空再次阳光明媚了。

克洛克和乐队在"夜晚静悄悄"夜总会演出的音乐取得了很好的效果，他每周的平均收入达到了110美元。他们一家也终于从那间旧房子里搬出来，住进了一套新建的三间半带家具的公寓房。

可是克洛克没有想到，"夜晚静悄悄"夜总会虽然富丽堂皇，但却做着非法的勾当。老板是一个酒贩子，定期派人非法把酒从遥远的巴哈马群岛运到这里，以此来吸引更多的顾客，从而赚更多的钱。

有一天晚上，税务官来了，他们突然袭击，保安还没来得及向老板报告，他们就冲了进去。税务官查封了夜总会，并将所有人都捆进了监狱。

虽然克洛克没有参与那些非法的勾当，在监狱里总共只待了3个小时就被查明并放了出来，但他还是感到了深深的屈辱："如果我的父母发现我和一帮合伙违反禁酒法的人一齐被关进监狱里，他们一定会不再认我了！这是我一生中最不舒服的180分钟。"

这件事也让埃塞尔感到不快，虽然从经济上他们已经相当有基础了，而且她也喜欢上了那套公寓房，但她还是想尽快回芝加哥。至少在芝加哥，克洛克虽然整天忙于工作，但是她还有亲戚和朋友，不至于整天寂寞孤独地待在家里。而在这里，就连妹妹也几乎没来过一两次。

最终，克洛克也打定了主意："好吧，我们回芝加哥去，不能再让家里人为我们担心了。而且我看佛罗里达除了房地产，其他也并非如我们当初想象的那样充满了商机。回芝加哥吧，那里才是我们的根。"

虽然他们给公寓房付的租金可以延续到 3 月 1 日，但埃塞尔已经迫不及待了。于是，2 月中旬克洛克就把她和女儿送上了去芝加哥的火车，因为他还要在两周内招聘到新的人员代替他才能离开。

办妥了在迈阿密的所有事宜，克洛克一个人开着他那辆 T 型福特车返回芝加哥。

克洛克回到芝加哥父母家中那一天，路易斯和罗斯都表现出了从未有过的热情，走出家门来迎接他。埃塞尔给又冷又饿的克洛克做了热汤，并让他睡在暖和的床上。

克洛克端着热气腾腾的汤，几口就喝了下去，走进卧室，埃塞尔早就把床铺好了。他一头倒下，马上就睡着了。

等克洛克再睁开眼，一看时间，这一觉他竟然睡了 15 个小时！

推销事业更进一步

1925 年，克洛克结束了佛罗里达的淘金之旅，回到莉莉公司重操推销纸杯子的旧业，他对埃塞尔说："放心吧，埃塞尔。我发誓，这将是我唯一的工作，我将依靠这项工作来维持我们的生活，不再做兼职。你以后不用再为我操心了。"

埃塞尔问克洛克："雷，你不再弹钢琴了？"

克洛克笑着说："当然还弹，但那纯粹将是一种娱乐，我要把所有精力都用于推销纸杯子上。你知道，我有足够多的老客户，而且还可以去发展新的客户。我会在这个行当干得更出色，我们的生活也会越来越好。"

埃塞尔幸福地亲了克洛克一下，放心地说："我相信你。"

克洛克把所有精力都用在了纸杯子的推销上，每天下班回家，就与埃塞尔一起共进晚餐，然后再跟女儿玩一会。周末有时间的时候，他还喜欢教女儿弹钢琴，过了一段幸福、踏实的生活。

从 1927 年至 1937 年，10 年间美国的纸杯子行业发展到了最高峰。

这期间，由于美国颁布了禁酒令，冰淇淋业迅速发展起来，美国成了一个冰淇淋的大卖场，走在大街上，来来往往的都是手里拿着纸杯子吃着冰淇淋的人们。在冰淇淋的带动下，卖奶制品的商店也随之蓬勃而起。

纸杯子幸运地成为人们日常生活当中的主角，消费量逐步攀升。

克洛克整天都沉浸在这种幸运带来的激动之中。他跑遍了芝加哥的大街小巷，到处兜售纸杯子。他根据顾客不同的需求推销不同的纸杯子：把小规格的杯子卖给推车售加味冰的意大利人；把盛软饮料的杯子卖给林肯公园和布鲁克菲尔德动物园里的商店；把卧式杯子卖给销售意大利糕点的商店。

有一次，克洛克听说在老朗代尔一带居住的波兰人经常会吃一种紫色的帕维得拉黄油，据说这种黄油的销售情况相当不错。于是他立刻去了那里卖黄油的店铺，向他们推销莉莉牌纸杯子。

就这样，一些原来还没有用纸杯子的行业，也在克洛克的挖掘下，开始使用莉莉牌纸杯子了，纸杯子几乎占领了所有行业。

1930 年的时候，纸杯子的销售已经走上了最鼎盛的巅峰。克洛克听到一些似乎很有经验的推销员说："我们已经把所有可能的客户都拉到了，纸杯子的市场已经达到饱和了，不可能再开拓新的市场了。"

克洛克却不这样认为，他又像小时候一样陷入了自己的空想状态："真实情况是这样吗？不，一定还存在着潜在的市场，我一定要把它挖出来！这才是伟大的推销员应该做的。"

夏天的一个上午，克洛克去拜访他的老客户——位于城市繁华地段的沃尔格林公司商店。他们是卖冷饮的。

沃尔格林公司是一家发展形势大好的公司，克洛克一直向他们提供一种规格的纸杯子。这种杯子有很多褶，人们把它称为"挤压杯"，因为你可以握住杯底把冰挤上来舔。

盛夏的骄阳炙烤着市区的柏油路面，人们走在路上都像是在一个天然的大蒸笼里一样，汗水怎么擦也擦不净。沃尔格林公司商店的饮食部前挤满了买啤酒或饮料的人，买到手的人都迫不及待地"咕咚咕咚"几大口气把啤酒或饮料喝干，然后继续赶路。

克洛克就站在不远处，看着来来往往的人又发起了呆："这是多好的黄金一般的机遇啊！如果他们不单单只是在这里买杯啤酒喝，而是可以用纸杯子盛装着预备路上喝的啤酒或饮料的话，那市场将要比现在大得多!"

这个激动的想法推着克洛克走进了沃尔格林公司饮食服务部。那个胖主管一见到克洛克，就热情地伸出了手，红红的脸膛放着光："你好，我是麦克，请问有什么为您效劳的?"

克洛克把自己的设想详细地跟麦克讲了一遍。

麦克听后，长着卷发的大脑袋不停地摇晃，他挥着手连连说："不，不，你疯了，你把我当成了3岁的小孩子了吧? 用这种幼稚的办法来哄骗我。我们卖啤酒一直都是顾客随买随喝的，这样一杯就可以赚15美分，如果再花1.5美分去搭上一个纸杯子，那我们就会赚得更少。这种赔本的生意谁会做?"

克洛克详细为麦克分析说："你听我说，虽然你用很少的钱搭了一些纸杯，但那样你却能够卖出更多的饮料和啤酒啊! 你看，可以在柜台上设置一个专卖这种东西的摊位，顾客如果需要带走，那只要在杯子上加一个盖子就行了。这样岂不是给了顾客方便? 另外，这种杯子还可以用来盛冷饮柜的香草饼干什么的，用完了用口袋一装就可以拿出去扔了，方便得很。"

麦克觉得克洛克的想法简直有些荒谬可笑，他皱着眉头，仰脸向天，用眼睛的余光瞥着克洛克："你不用再啰唆了。如果我多花了这些钱，又怎么能保证肯定能多卖出啤酒呢? 另外还要让员工们浪费时间去给杯子加盖子，那根本就不划来。这简直就是天方夜谭。"

克洛克虽然一时没有说服麦克，但他并没有放弃。不过麦克提出的想法也让他找到了突破口。

这天，克洛克再次走到了麦克的面前。麦克眯缝着眼睛瞧着他，似乎感觉这个疯子真是难缠。

克洛克并不在乎麦克的厌烦，他镇定地说："麦克，你有没有想过，你能通过什么方法再提升你的啤酒销售量呢? 唯一的办法就是，把饮料和啤酒卖给那些不坐板凳的人。"

麦克感觉很可笑，但他看克洛克说得这么认真，还是不由问道："你有什么办法？"

克洛克一看有门，就接着发表他的演讲："那好，我来告诉你我准备为你做些什么：我打算给你 200 个或者更多一些带盖的杯子。"

麦克疑惑地看着克洛克："带盖的杯子？"

"是的，这些杯子我已经给你加过盖了，你不用担心会浪费员工的时间了。"

麦克问："然后呢？"

克洛克说："然后，你就用这些杯子先做一个试验。沃尔格林总部的员工有很多吧？而且他们都在这条街上，我相信在那些买了就走的顾客里，肯定有很多就是你们沃尔格林公司的职员。那我们用实验来证明一下，他们是不是会喜欢上这种杯子。"

麦克不由心里佩服这个年轻人的想法确实有创意，但他还是犹豫说："但买这些杯子……"

克洛克笑着说："你听我说完。这 200 多只杯子我是免费送给你做试验的，如果试验效果不佳，我决不会再向你推销我们的杯子。这样你总放心了吧！"

麦克说："既然你想得这么周到，我也觉得这个想法不错，那我们就试一试吧！"

试验结果令麦克大喜过望。第一天人们就喜欢上了这种方式。不到一周，麦克就下决心向克洛克下订单了。于是在这批杯子快卖完的时候，麦克就忙不迭地把克洛克领进了沃尔格林公司总部的采购部。

克洛克顺利拿下了沃尔格林这个规模很大的公司，每当沃尔格林新拓展一个新商店，克洛克就会有一大笔生意上门。

克洛克在销售业绩不断超越纪录的同时，也赢得了其他推销员的一致推崇。

从此，克洛克转变了他的推销思路，他向韦斯特赛德地区用手推车做买卖的人兜售杯子的时间越来越少，而大部分精力都放在开发新的大客户上。比如沃尔格林这样的大客户，每年都会有数十万杯子的销量；还有比阿特丽斯奶制品商店、斯威夫特公司、阿穆尔公司以及自己有内部食品服务系统的大工厂，比如美国钢铁公司等。这些成功都给克洛克带来更多可以开拓的领域和更多的机遇。

克洛克凭自己的业绩被公司提升为销售部经理，负责管理公司所有的推销员。

于是，他又多了一项任务：培训公司的推销员！

面对不公据理力争

1929 年，美国股市全面性崩溃，进而引起了经济大萧条，从而使整个国家大踏步地向后退了许多。

在经济崩溃的时候，克洛克的父亲路易斯遭受了很大的损失。自从 1923 年他放弃在纽约的职位回到芝加哥，就开始搞房地产投机生意，并为此还参加了房地产函授班。

后来，他在伊利诺伊州东北部有些零星的地产。有一次，他花 6000 美元在伯温买了一块地，时间不长就转手卖了 18000 美元！于是，路易斯不停地忙于增加他的地产，但是却忽视了将要有经济崩溃的各种警告性信号。

市场崩溃后，路易斯就被砸在无法卖出的一大堆地产上，为此欠下了一大笔债务。这对于一向比较保守的路易斯是一个无法接受的局面，他病倒了。

1932 年，路易斯死于脑出血。他至死都在为自己担忧，在他去世的那天，他的桌上有两张纸：一张是电报公司给他的最后一张薪金支票；另一张是扣除他全部薪金用以抵债的通知单。

父亲死后，克洛克一家陷入了巨大的悲痛之中，每当克洛克想起父亲生前对自己的种种疼爱和关怀，每当想起父亲是在困顿当中死去，他都心如刀绞一般。

有一天早上，克洛克心情沉重地去公司上班，刚走进公司，销售经理约翰·克拉克的秘书走过来对他说："克洛克先生，经理请您到他的办公室去一趟。"

克洛克走进了克拉克经理的办公室。

克拉克说："雷，请关上门。我想单独和你谈一谈。"

克洛克问道："您找我来有什么事吗?"

克拉克说："是这样的，你也知道现在经济处在大萧条时期，我们公司也毫不例外受到了影响。莉莉·图利普公司从纽约总部发下来一份命令，命令我们公司的每位员工都有义务削减 10% 的工资。此外，由于汽油、机油、轮胎的价格已经下跌了，所有人的车辆补贴也要从每月 50 美元减少至 30 美元。"

说到这里，克拉克很在意地看了一眼克洛克的表情，然后接着说："说实在的，我非常欣赏你的工作。不过这次削减薪金和补贴适用于每一个人，从上至下都一样，就连我自己也不能例外，所以我想请你理解这个命令。"

这对克洛克确实是一个打击。他第一次真正愤怒了。他在乎的不是薪水的减少，而是对他个人成就的侮辱。他们怎么能用这种武断的方法对待自己最好的推销员呢?

克洛克知道他自己为公司挣了多少钱。莉莉公司即使在这种情况下，也是同行业中受影响最小的。可以说，光克洛克自己就为公司多赚了好多钱。大家都很清楚。

克洛克心中升起了怒火，他盯了克拉克好一会儿，然后用平静的语调轻声说："噢，我很遗憾，但我不能接受。"

克拉克看着气得脸都变了形的克洛克，尽量诚恳地对他说："但是，雷，你没有别的选择。"

克洛克的声音一下就提高了："我没有别的选择!我辞职。现在就给你提前两个星期的通知，如果想让我今天走的话，我今天就走!"

克拉克被克洛克的暴怒震住了，但他仍然努力使自己的声音保持沉稳："雷，冷静点。你并不打算离开公司，这你是清楚的。这是你生活中极大的一部分。这是你的生命。你属于这里的公司和你的同事。"

克洛克极力控制着自己的脾气，以便能把下面的话顺畅地表达出来："我知道这是我的生命。"说完这句话，他的声音又高了起来，"但是，我不会在这棵树上吊死。情况变好时，我也没有得到什么奖励，我不能接受。把我和一些给公司带来问题的人同等看待，这是不能接受的。那些人是公司里多余的人中的一部分，我是那种有创造力的人。我带来了钱，我不想把自己和那些人归在同一类。"

克拉克理解地说："雷，你不要这样激动。请听我说，我自己也是要削减薪水的，这次不是针对某些人，而是公司全体的行为！"

"你去接受好了，那是你自己的事。兄弟，你接受好了，但我不会接受，我是不会的！"

"雷，公司的这个政策是为了给更多的人提供更大的利益，也就是说，在经济不景气的情况下保证我们所有人的就业机会。"

克拉克想象着他们争吵的声音通过墙传到了外间办公室里受到惊吓的秘书和职员的耳朵里，尽一切办法安抚克洛克，但是无论怎样都不能使克洛克平静下来。克拉克越是劝他，他就越变得疯狂！

克拉克没有办法，他只好用一句话来停止了争吵："雷，我希望你仔细想一想，你就会理解这是处理问题的唯一公平的办法。这一政策的目的是为了给更多的人提供更大的利益。除此之外，别无办法。"

克洛克边向办公室外面走边说："好吧，我可以准确地理解它，但我拒绝接受这种办法。公司已经榨干了我的每一个铜板。现在，这些微小的事情变得有些棘手了，你们就让我牺牲美元。但我不准备这样做。你可以为保留工作而减少10%的薪金。我现在就辞职。"

克洛克一分钟都不愿待在那儿了，离开公司办公大楼的时候，他带走了平时装样品的包。

回到家里，克洛克没有告诉埃塞尔在公司里发生的事情，他知道她如果知道自己辞职的事将会怎样难过。克洛克对前途感到有点担心，但是他把这一点隐藏了起来，就像什么也没发生一样。

每天早晨，克洛克仍旧吃过早饭后带着装样品的包按时走出家门。他坐上高架火车到闹市区一角的一个自助餐厅，在那里喝咖啡，翻阅招聘广告，然后，一整天都去参加各式各样的招工面试。

克洛克当时寻找的是能够向他提供比钱更重要的工作，能够让他真正参与进去的工作，但一直过了几天都没有找到。

三四天后，埃塞尔带着异样的表情责问克洛克："这几天你都到哪儿去了？"

克洛克疑惑地反问妻子："什么意思？"

埃塞尔说："克拉克先生打来电话，问我知不知道你在哪儿。"

克洛克仍然说："我能去哪儿？"

埃塞尔生气了："雷，你别在跟我装了好吗？我对克拉克先生说你每天早晨都按时出去，但他说你已经有4天没有去公司了。你到底在干什么？发生什么事了？"

克洛克支吾说："我在找期货订单呢！"

埃塞尔说："但克拉克先生对我说，他最想做的一件事就是明天早晨能在公司见到你。你想怎样？"

克洛克这时反而平静下来说："现在我告诉你，我辞职了。"

埃塞尔一下瞪大了眼睛："你这样做是背叛！背叛了我和玛丽琳！是你的自负让我们失去了生存的保障。现在的日子是多么艰难，不管是谁都难找到工作，你让我们以后怎么生活？！"

克洛克很明白这些，但他不准备妥协。他把气得发抖的埃塞尔搂在怀里，安慰她说："埃塞尔，亲爱的，别担心，我会找到事做的。如果实在不行了，我还可以再去弹钢琴的。"

但是，晚上克洛克仔细考虑了一下，觉得自己的想法不对。过去有多少个夜晚，他都出去弹钢琴，而把埃塞尔一个人丢在家里独守空房。于是他又对埃塞尔说："亲爱的，我觉得这样做对你不公平。好了，我明天一早就去公司见克拉克。"

第二天，克洛克走进克拉克的办公室，克拉克用严肃的目光看着他，然后问："你这几天去哪儿了？"

克洛克不慌不忙地回答："我到外面去找工作了。我已经告诉过你，我不准备待在这儿了，原因你也很清楚。"

克拉克看了克洛克一会，然后目光变得很诚恳："噢，雷，冷静一点，关上门，请坐。这只是暂时的决定，等经济形势好转了就不会这样了。你应该知道公司出于无奈才作出这样的决定。你不能离开这里，你属于这里的一部分。你必须承认，你爱你的工作。"

"是的，我承认。但是不管怎么说，我觉得这样对待一个最好的推销员是一个巨大的错误。我觉得得到这种待遇简直是一种侮辱。而我，雷蒙德·克洛克，是不能容忍这一点的。"

克拉克站起身来走到窗边向外面看了看，两只手插在口袋里，沉默了几分钟。最后，他转过身来对克洛克说："好。请给我几天时间，看我能不能解决问题。你先去照样工作，就像什么事也没发生一样，我会在 3 天之内给你答复的。"

克洛克想了一下，说："那好吧，我可以等两三天。"

第三天下午很晚的时候，克拉克叫克洛克到他办公室去。

克拉克对刚走进门的克洛克说："请关好门，坐下。好，雷，这是绝对的机密。现在我们来谈要做的事。是这样的，我已经为你做好了安排，让你得到一笔特别的补贴，以补偿你被削减的 10% 的薪水，每个月补偿一次。不过，这个安排整个公司只对你一个人，因为我们不能失去你这样优秀的销售经理。现在，你会留下来了吧？"

克洛克心里一下就释然了，他回答说："非常感谢你，克拉克先生。有了这一条，那么，我会留下来的。"

离开克拉克办公室的时候，克洛克感觉自己好像长高了几厘米，他终于赢了！这份好的奖赏应该归功于埃塞尔，他要赶快回家把这个好消息告诉她。

自己创公司

只要你下定决心，就没有干不成的事！不要为某个难题而产生无用的烦恼，不管遇到多么重要的事情，都要让自己睡好。

—— 克洛克

发现商机面对抉择

辞职风波平息之后，克洛克知道，他要比过去更加努力地工作，为公司销售更多的产品。克拉克为他说了话，他总要让总公司知道自己是很有价值的，他愿意这样做。

但是，克洛克与克拉克之间还有其他的争吵，通常都是因为克洛克坚持保护他的客户。绝大多数客户对克洛克都非常信任，当他到商店去的时候，客户们只是对他挥挥手笑一笑，相互间就像朋友一样。克洛克通常会嘱咐客户要多存点纸杯子，并暗示纸杯子可能会涨价的。

克拉克知道之后，生气地说："你为什么要让你的客户存货呢？"

克洛克知道他的意思，就说："但是，我这么做并没有让莉莉公司损失什么啊！"

克拉克虽然生气，但又无话可说。

克洛克手下有15个推销员，他经常以聊天、讨论的方式对他们进行培训。

克洛克一直强调推销员要有个好的外表，他说："要穿熨得平整的西服，擦得很亮的鞋，头发要梳得整齐，指甲要干净。也就是说，外表要鲜明，行动才能鲜明。首先要推销的是你自己。你这样做了，推销纸杯子也就容易了。至于怎么管好我们的钱呢……"

一天早晨，克拉克又把克洛克叫到了办公室。

克洛克一走进去，克拉克就用阴沉沉的目光看着他，并对克洛克对他友好的问候无动于衷。他说："请关上门，雷。我有件事要跟你好好谈谈。"

克洛克关上门坐下，克拉克怒睁着两眼盯着他："听说你在告诉你手下的推销员如何先花公款后挣钱的办法？"

克洛克说："是的。"

克拉克一下就火了："滚出去！"

克洛克点了点头，向门走去。他把手放在门把手上，然后慢慢转身对着克拉克："你能让我说两句话吗？"

克拉克厌烦地点点头。

克洛克说："我对下属是这样说的：你们每个人每天都要拿点钱在路上花。你要带租房间的钱、坐车的钱、吃饭的钱。不过要尽量省下这些钱，比如坐火车，可以坐上铺，一样睡得很好；不要吃旅馆餐厅的饭，可以到外面去吃自助餐。"

听到这里，克拉克尴尬地笑了笑，他无法再说什么了。

与老板经常误会让克洛克感到很沮丧，要不是他对推销的狂热，他早就想自己做点什么了。

克洛克发现，在密歇根州的巴特尔克里克，有一个经营奶制品商店的叫拉尔夫·苏利文的客户，最近需要纸杯子的数量一次比一次多，而且每次增长的速度非常快。他决定去看看。

克洛克来到了苏利文的商店，他一下就被惊呆了，商店的饮料柜台前，排起了长长的队伍，里面的店员忙忙碌碌。

克洛克非常好奇，也加入人群买了一杯，品尝了一下里面的奶昔："呀，真是太棒了！"

苏利文的奶昔与其他商店的味道完全不同，普通的那种都是稀稀的、温温的，而苏利文商店的却是黏沾的、凉凉的，而且带着甜味，"怪不得在夏天这么受欢迎！"

克洛克马上向苏利文了解他与众不同的奶昔的秘密。苏利文兴致勃勃地告诉他："我按照减少奶昔中脂肪的想法，用冷冻牛奶来做奶昔，用这种办法做出的是一种更凉、更黏的饮料。它除了味道更佳，还因为脂肪大大减少了，更有助于消化。人们喝了一杯奶昔在半小时之内都不会打嗝。"

克洛克兴奋地想："噢，原来是这样！那么，别的客户也可以做这样美味的奶昔，销量肯定也会增加起来。那我的工作业绩当然也会大大提高。"

克洛克首先想到了在他的销售范围内经营普林斯堡冷饮的沃尔特·弗雷登哈根。

克洛克走进沃尔特的办公室，向他详细描绘了一下苏利文的奶昔，然后说："沃尔特，我想你应该也做那种奶昔，我保证你们会至少比现在多赚一倍的钱！"

沃尔特却说："雷，谢谢你的好意，我知道你是为我好。但我不想介入奶昔，因为我们做的是清洁的冷饮生意，生意还不错。"

克洛克继续劝道："沃尔特，像你这样了解奶制品情况又有远见的人居然对新生事物无动于衷，这真让我奇怪。现在你可以在内珀维尔的工厂生产冰冻牛奶，这要比生产冷饮便宜。你会看到你梦想不到的。"

沃尔特被克洛克说服了，他随后与冷饮店的总裁厄尔·普林斯讨论了这个问题，他们一起开车到芝加哥来见克洛克。

克洛克一见面就喜欢上了直率、坦诚的厄尔，他带着他们去了苏利文的店里，邀请他们参观苏利文的作业方式。

厄尔和沃尔特又口尝了冰冻奶昔，立刻就动心了。在回来的路上，他们已经在商量开始用自己的办法生产奶昔了。并且还要把奶昔推广到普林斯堡的各个连锁店，厄尔还宣布把这种奶昔叫"百万分之一"。

克洛克并且建议他们："我希望你们把这种饮料的价格不要定为10美分一份，而是12美分。这样你们就传递给人们一种价值，而在实际上会增加利润和销售量。"

　　他们相信克洛克作为推销员的眼光，同意了，而且从来也没有降过价。

　　这种买卖从一开始就像谷仓着火一样兴旺，厄尔又有了新的烦恼：奶昔实在卖得太快了，无论怎么加班加点生产都是供不应求。而且几乎不可能满足对金属罐的需求。

　　厄尔是工程师出身，在大学里学的是机械工程，所以为了解决生产难题，他抱着浓厚的兴趣亲自研究起奶昔的制作过程了。有一天，厄尔把克洛克叫到他那里，为他展示了一种新改装的纸杯子。

　　克洛克一看，原来是在纸杯子上半部加一个原来的金属罐的套环，圆筒的底部是经过压缩的，在纸杯子的顶部装上这种金属套环，圆筒变细的部分伸进纸杯子的边上，使整个东西恰好与普通的金属圆罐一样高。

　　克洛克赞叹道："这玩意儿还真管用。"没过几天，莉莉纸杯子公司就有这种带套环的纸杯子供应了。

　　一天下午，厄尔打又电话给克洛克，他兴奋地说："雷，你快到这里来，我有样新东西给你看，保证你看了会大吃一惊的。快点啊！"

　　克洛克好奇地开着他的二手别克车，很快就赶到了厄尔那里。

　　厄尔一见克洛克就拉着他到了一个东西跟前，滔滔不绝地为他讲述："雷，是这样的，我发明了一种新的做奶昔的机器——多轴混合器。你看'百万分之一'是一种比较稠的产品，混合器如果不停地运转就会被烧坏。奶昔供不应求，如果一台机器同时能搅拌不是一杯，而是好几杯奶昔的话，速度不就提上来了吗？这种机器的中央支撑架周围安装了 5 个轴，顶部可以旋转。也就是说，一台机器从可以搅拌一杯奶昔变成了可以同时搅拌 5 杯，速度就等于提高了 5 倍啊！"

　　厄尔说完，得意地问克洛克："雷，你觉得这机器怎么样？"

　　克洛克仔细地看着厄尔的新发明，说："太棒了，真是太棒了！厄尔先生，你可看清楚，这样的机器简直可以供应全美国来喝奶昔！"

厄尔说："我给它起了个名字，叫'多功能奶昔机'。"克洛克说："我想，这机器不仅可以用来生产奶昔，还可以用来搅拌一些固体的东西来做饮品。"厄尔高兴地抓住克洛克的肩膀："哎呀，我们俩在一起简直是黄金搭档。"

克洛克马上表示："厄尔先生，这么有价值的发明一定要让它家喻户晓。把这个好机会让给我吧？我的意思是，由我来为您推销您的这个机器，怎么样？"厄尔说："但是你要先经过你们老板的同意才行啊！"

克洛克拍着胸脯说："这没问题，请您给我一台样品，我现在就马上带回去给克拉克先生看。相信他会同意的，您就静候佳音吧！"

几天后，厄尔生产出了这种多功能奶昔机。克洛克带了一台回公司给克拉克看。克拉克在克洛克演示完之后，他马上就表示愿意成为多功能奶昔机的独家批发代理商，并与厄尔签了一份合同。

但令克洛克不解的是，在纽约的莉莉·图利普公司总部却不想参与这件事。总公司经理说："我们是纸杯子的制造商，我们准备继续本分地做我们自己的生意。我们不想涉足奶昔产品，这不是我们的方向。"

厄尔这时建议说："雷，我想，你不如离开莉莉公司，和我们一起做生意，我们共同开创一个新的天地。比如，你可以做多功能奶昔机的美国唯一代理商。由你来划拨收回的账，利润我们平分。"

克洛克心中一动，回答说："让我好好想一想再回答您。"

创立公司迎接挑战

1937年，克洛克面临抉择。他回到家，陷入了深深的思索。

埃塞尔知道后警告他说："如果你那样做，那是在拿你的前途冒险，雷。你已经35岁了，而你却打算一切从头开始，你还以为你才20岁啊？万一失败了怎么办呢？"

克洛克说："亲爱的，你应该相信我的直觉，我确信这种机器将是一个赢家。何况，厄尔还有许多很有价值的市场。我这只是一个开始，我很希望你能支持我，帮帮我，跟我一起干。"

埃塞尔却说："我不会干这种事。"

虽然埃塞尔不支持他，但克洛克仍然没有放弃自己的决定：离开莉莉公司，开一家自己的公司。

克洛克把一切都想好了，并给自己新公司起了个名字：普林斯堡销售公司。

克洛克选择了晴朗的一天，他心情愉快地走进莉莉公司，进入克拉克的办公室后，没经克拉克提醒他就自觉地关上了门。

克拉克问："有事吗？"

克洛克说："克拉克先生，我准备辞职。我想做多功能奶昔机的独有代理商。"

克拉克面带严肃地看着他："雷，你真的这么决定了吗？"

克洛克答道："是的，这对你也有利，因为这会使你不再对我烦恼，而我开始在全国各地商店销售多功能奶昔机后，会带动莉莉公司多卖出去数百万个纸杯子的。"

克拉克点燃一根雪茄，像对一个小孩子说话的口吻，慢悠悠地说："你不能这样做，雷。多功能奶昔机的合同是公司的，并不属于你啊！"

克洛克一听就急了："嘿，你说什么？你可以放弃它。你多次对我说你自己不准备参与多功能奶昔机的销售。"

克拉克吐出一口烟，耐心地说："听我说，雷，总公司那边是绝对不会放弃的。你不知道他们是怎么经营的，你的想法太天真了。"

克洛克争辩道："他们必须放弃！我当初把这东西带到这里，首先是出于对公司的忠诚。我当时没有必要那样做。如果你在使用它，那就是另一回事，但公司并不想要这东西。你不能把那东西放在架子上，为什么不能还给我？为什么要让机会白白浪费掉呢？"

克拉克一看克洛克真的生气了，于是说："好吧！我去和他们谈谈，看我们有没有好办法解决。"

过了几天，克拉克递给克洛克一份合同：公司把代理权转让给了克洛克，但要占普林斯堡销售公司60%的股份。

克洛克接受了这个条件。因为他10000美元的启动资金公司也投资了6000美元，看上去还并不是一个很大的不利条件。

终于自己做老板了，克洛克在芝加哥的一幢大厦里租了一间小办公室，但是他很少待在里面，整天都在外面忙碌。他仍然像从前一样，在全国各地到处跑，推销多功能奶昔机。

但是，这种新式的机器并没有马上受到人们的青睐，很多的老板都小心翼翼地对待这种产品，他们对克洛克说："我不能看到把饮料都放在一个混合器里。如果这台机器烧坏了，那在机器修好之前我就得停业。"

克洛克想尽一切办法去说服他们，但这非常困难。不过克洛克没有放弃，他与许多思想顽固的人开始了交锋。他坚信，新产品是将来发展的趋势，总有一天他会成功的。

果然，过了不久，冷饮业就进入了空前繁荣的时期，餐馆原有的奶昔机已经远远不能满足人们的需求了，几乎每个商店都设了冷饮专柜。

克洛克的生意慢慢好了起来。

但是，克洛克又对他的财务安排感到特别不满。由于当初莉莉公司拥有60%的合伙人，它能限制克洛克的年薪，而克拉克又把克洛克的年薪保持在他离开莉莉公司时的水平上。这让克洛克觉得自己的付出和所得不成正比。

两年后，随着生意的进展，克洛克决定说什么也要把那60%的股份拿回来，摆脱克拉克对自己的控制。

克洛克到莉莉公司找到了克拉克，向他提出了自己的问题。

直至这时，他才知道当初克拉克是抱着什么如意算盘把自己引入歧途的。莉莉公司已经把他们的股份让给了克拉克，但他从来没有关心过多功能奶昔机的事，只打算从克洛克那里榨取所有的好处。

克拉克慢条斯理地对克洛克说："我认为你卖的这种机器前途很好，雷。我觉得你的计划也不错。我愿意把现在的利润打点折扣，以便让你去实现那个未来，谁让你过去是我的部下呢。但是，你如果坚持要收回我的份额，那我就必须告诉你，你要让我的资本得到很好的回报，总不能让我吃大亏吧？"

克洛克说："没关系，你说个数吧！"克洛克并不想要他的投资。

克拉克报出了一个数字："68000美元。"

克洛克简直不相信自己的耳朵："什么?! 你当初只投了6000美元而已啊！即使现在多功能奶昔机销路还不错，但我的公司还仅仅是刚起步，你这不是狮子大开口吗？"

克拉克看着克洛克震惊的样子，丝毫不为所动，而且又蛮横地提出："68000美元，一分也不能少，而且这笔钱要全部用现金来支付。"

克洛克都快要被他气疯了："把我银行里的全部存款都算上，也没有这个数目啊，你欺人太甚了吧！"

克拉克却并不生气，他得意地说："别着急嘛，雷，如果你觉得我的条件对你有困难的话，你也可以收回你的意见啊！"

克洛克真是忍无可忍了，他一向是不肯服输的，只要他下定决心的事，就算冒着破产的危险也要去做。他绝对不怕挑战，而且越是困难他的斗志就越高涨。

克洛克咬着嘴唇说："我说出的话绝对不会收回！不过你要这么多钱我一下子拿不出来。"

克拉克眯着眼睛盯着克洛克，悠闲地抽着雪茄。

克洛克想了一下说："要不，我们商量一下吧，看看能不能用另一种方式来付给你？"

最后，两个人达成了一个协议，更形象地说是一个交易：克洛克先付给克拉克 12000 美元的现金，其余的在 5 年内付清，还要另付利息。克洛克的年薪必须保持在原来的水平上，公费开支还是和原来的一样。

这实际上等于克洛克在几年内都要把公司利润付给克拉克。

克洛克在这份霸王协议上签了字，之后他就感到了巨大的压力：到哪里去筹到这 12000 美元呢？

最终，大部分现金还是来自克洛克在芝加哥阿灵顿高地的新家，他把房子做了抵押贷款。埃塞尔对克洛克的决定非常失望，并对他们已经欠了近 10 万美元的债产生了极大的惊恐。

克洛克把第一笔现金交给了克拉克。然后他对自己说："雷，加油干吧！这次可是把全部家产都押上去了。但只要你下定决心，就没有干不成的事！"

克洛克鼓足了干劲，昂头向前走去。

勇敢面对渡过难关

1941 年，克洛克背上了沉重的债务之后，工作更加拼命了。

在繁忙的展销会上，克洛克每天工作 12 个小时至 14 个小时，接着又去招待潜在的客户到早晨两三点钟，然后又早早地起床，准备捕捉下一个客户。在很多时候，他一天只休息 4 个小时，或者更少，但却依然精神饱满。

但就在这时，第二次世界大战的阴云在全球弥漫开来。社会各阶层因为在欧洲和亚洲出现的事态产生了许多紧张情绪。许多杂志都猜测，与日本的战争是不可避免的。

克洛克在推销之余，也一直关注着战争的发展。从日本对中国的侵略转向纳粹对欧洲的征服。

1941 年 12 月 7 日，人们最不愿看到的情况终于发生了！

这天早上，克洛克起床之后，就习惯地拿起刚刚送来的报纸，一边吃早餐一边浏览着。突然，他停住了，然后赶忙放下手中的牛奶杯子，双手拿着报纸，看着看着，他的脸色越来越凝重了。

报纸上黑色的粗体大字标题：

日本偷袭珍珠港，美国立即向其宣战，太平洋战争爆发了！

而接下来的消息对克洛克更加不利了。由于全国都进入了紧急备战状态，许多战时的物资都被要求限制供应，而里面就有用来绕多功能奶昔机电动机线圈的铜。

普林斯堡销售公司很快就接到了通知，多功能奶昔机由于缺乏重要的原料铜，而不得不停止生产。

克洛克陷入了痛苦之中："这样一来，我就没有什么可以做的了！"

一边是生意搁浅，一边克拉克却像恶魔一样讨债。克洛克感觉自己都简直要崩溃了。他仿佛看到克拉克已经变成了一个张着血盆大口的怪物，尖利的白森森的牙齿都快要咬到他的喉咙上："快快还我的债！"

埃塞尔走出卧室，看到克洛克在睡梦中痛苦的样子，心里又痛惜又可怜。她拿了一条毛毯为他盖在身上，想了想，又叫醒克洛克："雷，快起来！你怎么把窗子开得那么大就睡着了，这样容易感冒的！"

克洛克睁开蒙眬的睡眼，看着埃塞尔，他真不忍心把自己的困境告诉妻子，因为他觉得本来埃塞尔这两年已经为他担心太多了。

克洛克只是对埃塞尔说："好吧，你先去睡，我一会就回屋里去。"埃塞尔盯着丈夫看了看，然后没有多说就回屋里去了。

克洛克看着埃塞尔的背影，心里想："埃塞尔和女儿都要依靠我来生活呀，我这个顶梁柱可不能倒下去，我还要把这个家支撑起来！一个推销员手中没有产品，那就像一个小提琴手没有拉琴的弓一样。我必须要找到新的弓，才能拉出动听的音乐。"

于是，克洛克又开始四处活动，几乎找遍了自己20多年来所结识的所有人，来尝试着去寻找其他产品来做推销。

后来，克洛克找到了亨利·伯特，终于与他达成了一笔交易，为一种叫"全麦乳"的饮料提供低脂肪麦乳精粉和16盎司的纸杯子。这种饮料都是用金属轴或金属环在杯子中混合成的。

现在，克洛克就只有设法依靠"全麦乳"来维持生活了。

克洛克在这段时间患上了严重的失眠症，每晚都在床上翻来覆去睡不着，越睡不着，各种念头纷至沓来，睁着眼睛熬到天亮，一整天都无精打采。

克洛克意识到这是个严重的问题，一个推销员没有精神是很难成功的，而且这会损害自己的身体，让自己意志更加消沉。为此，他自己订下计划，并写在日记上："不要为某个难题而产生无用的烦恼，不管遇到多么重要的事情，都要让自己睡好。"

克洛克自己发明了一套治疗失眠和精神紧张的方法：每天睡前，他把自己的脑子想成一块写满信息的黑板，上面写满了紧急的信息。然后用想象中的手拿着黑板擦，把黑板擦干净，让自己的思想完全变成一片空白。这时如果某个想法开始出现，那就立即扼杀它。

然后，克洛克让身体放松，先从脖子开始，接着向下到肩膀、胳膊、躯干，最后到脚趾尖。随后，他就安然入睡了。

克洛克很快就掌握了这种方法，无论事务多么繁忙，每天他都保证以神采奕奕的形象出现在公众面前。

其他人对克洛克的这种状态都感到惊奇，其中包括现在成了他的死对头的克拉克。克拉克在私下对别人钦佩地说："雷这个家伙，承受着这么大的打击和压力，他居然还若无其事的样子！嗯，也许这个倔强的家伙将来真的能干成大事呢！"

虽然仅仅依靠"全麦乳"来维持生存，但克洛克仍然不愿让克拉克看他的笑话，所以他依然按时向克拉克支付欠债。

为了不让埃塞尔过于绝望，克洛克不时鼓励她："亲爱的，不要悲观。战争总是暂时的，它早晚都会过去，那时我们的困难也挨过去了，一切都会好起来的。相信我！"

1945 年，第二次世界大战随之结束。而这时，克洛克也结束了他的噩梦，他还清了欠克拉克的所有债务，终于能够独立销售多功能奶昔机了。

这使克洛克心里充满了极大的光荣感。

慧眼识才任人唯贤

1945 年，随着第二次世界大战的结束，所有的生意都开始恢复了。克洛克的普林斯堡销售公司也随着多功能奶昔机的恢复生产开始了正常运转，而且比战前更加红火。

克洛克一天比一天更忙碌了。

新型的软混合冰淇淋供应商开始变成了专卖商，克洛克就在这个不断扩大的市场里推销多功能奶昔机。按他当时的估计，一年能卖到 5000 台就是一个丰收年了。但许多老顾客一直打电话催要更多的货，机器销量一年比一年旺，1948 年，他竟然卖了 8000 台。

这样的销量，使克洛克那种在办公室外搞经营的方式开展工作变得越来越困难了。公司里一直连克洛克自己在内只有 3 个人，另外两个是秘书里德和会计阿尔·多蒂。他们每天都有接不完的电话和算不完的账目，虽然他们一天忙到晚，还是觉得吃不消。

克洛克想让埃塞尔来帮忙："埃塞尔，过来帮帮我吧，到我的办公室去工作，我们一起干，那样生意会更可观。"

但埃塞尔却从来都不答应，甚至连去帮着做一点零工或者做一段时间的工作都不同意。

生意势头强劲，确实需要再添一个人手了。

1949 年深秋的一天，在忙碌了一个下午之后，克洛克和阿尔暂时坐下来，喝杯咖啡歇息一下。

阿尔是克洛克在哈理斯信托及储蓄银行的朋友阿尔·汉迪推荐给他的，一直为公司掌管会计事务。

阿尔这时对克洛克提议说："克洛克先生，我们几个人实在是忙不过来，与其我们整天手忙脚乱的，不如再雇一名记账员。"

克洛克觉得阿尔的建议是正确的，他放下手里的杯子说："是的，阿尔，你的建议很好，想得很周到!"

阿尔受到赞扬，他更进一步建议说："而且，如果不想多花钱的话，我们可以雇用一个女记账员，这样比雇个男的要少花近一半的钱。"

克洛克尊重了阿尔的建议："好的，阿尔，就照你说的，我这就去写广告词。"

第二天，广告刚刚登出去，就有不少女孩前来克洛克的公司应聘。

克洛克一连几天都在办公室里面试，他记不清到底面试过多少姑娘了。她们大都年轻漂亮，而且有的还做过记账的工作，口才也不错。但是克洛克始终没有发现一个让他非常满意的。

阿尔有一次问克洛克："克洛克先生，是不是您的眼光太苛刻了?"

克洛克却说："也不是，阿尔，我总是觉得她们身上缺少一点能够让我眼睛一亮的东西。"

直至 12 月，克洛克还是没有招到能让他心中一动的女孩。

这一天，都快到中午了，克洛克面试了几位姑娘之后，他有些累了，就靠在椅子上，想闭上眼睛休息一下，这时，一个胆怯的声音依稀在克洛克耳边响了起来："克洛克先生，您好。"

克洛克睁开眼睛，抱歉地说："哦，对不起，我差点忘了上午还有最后一名应聘者。"

她看上去年纪已经不小了，有 30 多岁了；又高又瘦，穿着一件褪了色的大衣，而这件衣服看上去不足以抵挡那天在拉塞尔大街的峡谷中刮起的寒风；另外，她看上去好像已经饿了好几顿了。但是她仍然闪现出一种朴实无华的目光。

克洛克被这种目光打动了，他站起身来，为她倒了一杯热茶，递到她手中："请坐，女士，你慢慢说说你的情况。"

她说："我叫琼·马蒂诺。出生在芝加哥一个德国移民家庭里。第二次世界大战前，我和西部电力公司的工程师——他叫汉斯——结了婚。战争爆发后，汉斯因为正在搞一种对防备通讯很重要的同轴电缆的发明而免予兵役。但我却报名参了军，成为一名陆军妇女队的成员。"

克洛克因为自己有过参军经历，所以他称赞说："看得出来，您很有爱国热情。"

琼听到称赞，她苍白的脸上泛起了一丝红晕，喝了一口茶接着说："在军队的时候，我被派到西北大学里去学习电子、三角学和微积分等知识。因为我没有学过高等数学，所以学起来很吃力。但是我自己暗暗地多下功夫，遇到不懂的，就到图书馆里去寻找答案。到了期末，我已经从刚开始的班上倒数几名变成了优等生。"

克洛克马上觉得，他对琼很感兴趣了，于是对她说："您接着说。"

琼的目光转而变得阴郁起来："战争结束后，我回到家里，并且生了几个孩子。但是，我的父亲和婆婆都得了重病，为了支付昂贵的医药费，我们欠了 14000 美元的债，不得不搬到威斯康星德尔斯乡下的农场里。汉斯在农场工作的同时，还在一个电视机修理铺找了个差事。而我也只好撇下孩子到外面来找工作，我来到芝加哥，住在一个朋友家里。昨天我看到了您在报上登的广告，就想来试试看。"

克洛克又和琼谈了几分钟，他脸上露出了满意的笑容，他觉得，这位琼·马蒂诺正是他要雇的人。她的身上有一种潜在的能力，这一切都包容在一种热情的、有同情心的个性和少有的各种品质的综合反应之中。这些与自己平时的风格很相似。

克洛克又问："你之前做过记账之类的工作吗?"

琼老实地回答："没有。但是克洛克先生，虽然我现在还不懂如何搞记账工作，但是我会很快掌握这种日常技术，我相信我能学得很快。"

克洛克微笑着说："嗯，我相信你会的。但是，我目前不会给你付很高的工资，但如果你愿意在这里好好干的话，你会有一个光明的前途。"

琼毫不犹豫地答应了："工资方面我并不很在意。克洛克先生，我也相信您的预言，我会有一个美好的未来的。"

就这样，琼被克洛克雇用了。

上班第一天，琼一大早就来到了公司，第一个进了办公室，她先把屋里打扫了一遍，等里德和阿尔走进办公室的时候，办公室已经干干净净的了。

琼很有礼貌地和大家打招呼，收拾完了，就谦虚地向阿尔请教记账方面的事。

过了一会，克洛克派琼去银行存一笔钱。琼干脆地答应了，而这时，她身上只有20美分，那是她留在身上作为回家的车费的。

琼走到街角时，碰到了一个童子军乐队在演奏，旁边放着一个募集捐款的小锅。琼看着孩子们在寒风中冻得红红的小脸蛋，和他们那一双双渴望的眼睛，心里的某种感觉让她无法不掏出兜里仅有的钱。于是她把那两个硬币放在孩子们的小锅里，然后就去了银行。

当琼办完事回到办公室的时候，她欣喜若狂："噢，克洛克先生，今天太好了！我有了这份工作，今天也是我小儿子的生日。当然，他还在农场，而我希望能给他买件礼物，但这看来已不可能了。我把钱都捐给了童子军。"

听着她讲起事情的经过，克洛克称赞她："你很有爱心。"

琼接着说："但是后面的故事更精彩呢！克洛克先生。当我离开银行回办公室时，我的鞋后跟却卡在了人行道的地砖缝里。我往下看，想把它拔出来，而就在我的脚旁，却有一张票子。喏，就是这个!"说着，她把手里一张 20 美分的钞票展示给大家看。

大家都笑着说："真有这么巧的事!"

琼继续说道："我回到银行向出纳员打听是否知道有人丢了钱。他们中的一个看着我说，'夫人，我觉得你该留着它。'噢，克洛克先生，你能想象到我有这么好的运气吗?"

克洛克也被琼的情绪感染了，一边笑着一边祝贺她："是的，你的运气真好! 希望你身上的好运气也会给我们公司带来好运气!"

说着，两个人都像孩子一样大笑起来。

琼确实工作得很努力，她很快就掌握了记账的技术，而且她有一种令人难以置信的能力，无论多么繁重的工作到了她手中，都会干得又快又好，井井有条。

另外，琼还时时把她的快乐带给大家，几个人干起活来也比从前充满了乐趣。

克洛克暗自庆幸："多么朴实而可爱的琼，又诚实又善良，我真是招对人了!"

相遇麦当劳

　　要想把"麦当劳"的品牌推广到全国甚至全世界，就要把各个连锁店每个方面的标准统一起来。从我的第一个麦当劳样板店开始，就要给以后的经营者树立一个榜样。

—— 克洛克

考察麦当劳路边餐馆

时光飞逝，日月如梭，时间老人的手指轻轻一划，已经到了1954年。

克洛克的公司已经走过了15年历程，一直在从事着销售多功能奶昔机的生意，业务稳定地发展着，日子过得也一帆风顺。他虽然并不是人们眼中的富翁，但也算是有小康生活了。

而他已经52岁了，从当初的风华少年变成了一个让人尊敬的中年绅士了。依照人们的想象，再这样干几年，他就能像大多数小老板一样，退休去美丽的夏威夷海岸晒太阳，悠闲地享受自己的老年岁月了。

最近一段时间，有一件事情让克洛克感到了震惊。

震惊是由从全国各地打来的不同的电话而引起的。有时可能是俄勒冈州波特兰的一家餐馆打来的电话；过一天，有可能是亚利桑那州尤马县的冷饮柜操作员打来的电话；再过一星期，华盛顿特区一家奶制品店的经理也打来电话。其实，这些信息的内容都一样："我想要向你们买一台与加利福尼亚州圣伯那地诺县麦当劳兄弟家的混合机一样的机器。"

克洛克越来越感到很奇怪。麦当劳兄弟是何许人？顾客们为什么要买他们的混合机？而我们同样的机器在全国许多地方也都有出售。于是，克洛克开始做了点调查，结果令他吃惊：麦氏兄弟的机器不是有两三台混合器，而是有8台！

在克洛克的想象中，8台机器一次搅拌出40份奶昔，这实在令他难以相信。这件事发生在圣伯纳迪诺这样一个沙漠中的小镇上，这本身就更加令人惊奇。

克洛克销售多功能奶昔机这么多年，这种事还是第一次遇到。克洛克还是像年轻时一样，对新鲜的事物永远关注："这是怎么回事呢？我要去亲眼见识一下。"

于是，克洛克为自己订了一张特价机票，飞向美国西部。

一下飞机，克洛克就像忘了自己的年纪一样，急切地驱车直奔圣伯那地诺。看他这股劲头，就和一个20岁的小伙子一样，他自己也哑然失笑："我这把老骨头已经多年没受过这种训练了，没想到还像当年一样干劲十足呢！"

自从20世纪30年代初期，食品服务业的一种特有现象在加利福尼亚州南部出现。这就是服务到车上的路边餐馆，它是大萧条时期好莱坞影城的那种随心所欲生活方式带来的产物。由于人们腰包里的钱变得很少，到餐馆里吃饭的人也就没有几个了。这种物美价廉的汽车餐馆如雨后春笋一般在市区的停车场、公路旁和街道旁出现。

因为开车或乘车的人不可能做太久的停留，所以这种路边餐馆的饭菜都是经济实用的快餐，它的主食谱大多是烤牛肉、猪肉和鸡块，但是由于热情的经营者们一个赛过一个，服务的方式也在不断地变化。餐馆的经营者们互相配合，竞相想出一些既把饭菜端到顾客汽车旁，又可以打动人心的办法。其中有一个经营者竟让他的服务小姐穿着旱冰鞋在停车场里来回滑行。

10时左右，克洛克的车子停在了莫里斯·麦当劳和理查德·麦当劳兄弟俩开的"麦当劳汉堡包店"门口。他透过车窗打量着这家餐馆。

这是一座小巧的八角形建筑，房子被刷成了红白两色，中间用黄色的彩条作为装饰，玻璃窗被擦得一尘不染，显得非常整洁。

而让克洛克印象最深的，就是店门口那闪着金色光芒的大大的"M"形的拱门。当然他能理解，这是"麦当劳"名字的第一个字母。

克洛克蛮有兴趣地琢磨起这个创意来："这个创意真不错，这使得它显得与众不同，每一个看到的人相信都会牢牢地记住这个大大的金色'M'。"

餐馆 11 时才开始营业，克洛克显然来早了。他于是就坐在车里，观察着餐馆四周的环境。

不大会工夫，从餐馆里走出一队帮工，他们都一律穿着白色的衣服，头上戴着白色的纸帽。他们推起一辆辆小四轮车，走向餐馆后面，从仓库里向外搬运东西，先把成箱的牛肉、猪肉，成袋的土豆，成盒的面包，还有一桶桶牛奶都装到小四轮车上，然后推到餐馆里去。一切都那么井然有序，快速而不失条理。

克洛克看着来回穿行的帮工们，不由脱口称赞道："真是太棒了！"

餐馆刚一开门营业，停车场很快就停满了各式各样的车子。人们走向餐馆的窗口，先依次排队，然后买到东西后，就拿着装满汉堡包的纸袋回到汽车上去。队伍虽然排得很长，但向前行进的速度却很快。

麦当劳的服务员快速作业，竟然可以在 15 秒之内交出客人所点的食品。这种作业方式，克洛克可从未见过。

来回穿行的人们让克洛克看得眼睛都有点花了，在这么多人纷纷走向窗口的情况下，8 台混合器同时制作奶昔看来并非不必要。

克洛克故意大声说："我从未为买一个汉堡包而排队。"以期引起顾客的注意。

"哦，"客人中立刻有人搭话说，"您也许不知道这里的食品价格低、品质好，餐厅干净，服务又周到。何况速度这么快，别看排队人多，一会儿就能买到。我可是这里的常客。先生，您不妨也试一试？"

克洛克兴奋地从车子里走下来，加入了顾客的队伍之中。

排在克洛克前面的是一位穿泡泡纱的黑人小伙子，他一边移动着脚步，一边焦急地探着头不时向队伍前方张望。

克洛克越看他越有趣，就忍不住笑着问："嗨，年轻人，你这么着急呀？在这里有什么好吃的东西，告诉我好吗？"

黑人小伙子回过头来看着克洛克，好奇地反问他："难道您从前没在这儿吃过？"

克洛克微笑答道："没有，我是头一次来这儿。"

年轻的黑人点着头对克洛克说："噢，是吗？那您就瞧好吧！我敢向您保证，相信您会吃到最好吃的汉堡包，而且只用15美分就能买到。况且这里很方便，你既不用等太长的时间，又不用跟那些要小费的服务生费口舌。您等着瞧吧！"

克洛克并没有真的到窗口去买汉堡包，他从队伍里走了出去。为此，那个信誓旦旦保证他能吃到"最好吃的汉堡包"的黑人小伙子又奇怪又沮丧。

克洛克走到了餐馆的后面，看到有几个人像棒球接手那样蹲在阴凉处，背靠着墙，嘴里嚼着汉堡包，三个一群两个一伙地边吃边聊。其中一个人穿着木匠的围裙，他肯定是从附近的建筑工地走过来的。他毫不掩饰地用友好的目光看着克洛克。

克洛克问他们中的一个："你们经常到这儿来吃午餐吗？"

那个人嘴里含着汉堡包，一边大口嚼着一边回答克洛克："唔，那当然了，我们每天都到这儿来。它肯定把老太太的那种凉肉面包式汉堡包给比下去了。"

另外有一个已经吃完了的中年建筑工人补充道："先生，这儿的汉堡包又好吃又便宜，我敢说这绝对是美国最好的汽车餐馆。自从我们发现了这家餐馆，就天天都来这儿吃午餐。"

那是个热天，但克洛克没有看到周围有苍蝇。那些穿白衣服的人在工作时把一切都搞得很整洁。这给他的印象极好，因为他不喜欢不整洁的环境，尤其是餐馆。克洛克还注意到，即使在停车场里也没有垃圾。

在一辆黄色的敞篷车里，坐着一位身着草莓色服装的金发女郎，看上去好像找不到去布朗·德比或帕拉芒特自助餐馆的路。她一点不剩地吃完了一个汉堡包和一袋炸薯条，样子很迷人。

在好奇心的驱使下，克洛克向她走过去说："我在调查交通情况。如果你不介意的话，能否告诉我你是不是经常来这里？"

她笑着说："我住在附近的时候常来这里，我是尽可能常来，因为我的男朋友就住在这里。"

她是在逗趣，还是说话谨慎，抑或只是用她的男朋友作为挡箭牌来支开这个爱刨根问底的、可能是个制麦芽浆的中年人，克洛克说不清楚，也根本没有费心去想。不是因为她性感，而是因为她对汉堡包的那种明显的兴趣才使克洛克感到激动的。

克洛克又抬头看了看停车场上满满的车辆，他心里感到了一种久违的震撼。于是，他决定去拜访一下餐馆的主人，问一问那兄弟俩是怎么创造出如此神奇的餐馆的。

与麦当劳兄弟签约

克洛克观察了"麦当劳汉堡包"的外部经营后，他回到车上，在那里一直等到下午 14 时 30 分，那时排队的人已稀少到只剩下些零星的顾客。

这时，他又走进了店内。他看到，莫里斯和理查德兄弟俩正在店里监督着工人们干活。兄弟俩见到克洛克来访非常高兴，他们邀请克洛克当晚与他们共进晚餐。

克洛克当然愉快地接受了邀请。

当天晚上，麦当劳兄弟结束了一天的忙碌，与克洛克一起坐在饭桌旁，向他详细介绍了餐馆的情况。

莫里斯和理查德出生在新格兰地区一个穷苦的犹太人家庭。莫里斯于 1926 年搬到加利福尼亚，并在一电影厂找到管理道具的工作。理查德于 1927 年从新罕布什尔州曼彻斯特的西部高级中学毕业，此后便开始同莫里斯一起工作。兄弟俩在同一个电影厂一起搬布景、架灯、开卡车。

1932 年，兄弟俩决定开办自己的企业，他们在格伦多拉买下了一个失修的电影院。他们节省下每一分钱，有时一天只吃一顿饭，而这顿饭经常就是从一个电影院旁边的售货亭里买来的"热狗"。而这个卖"热狗"的店主人在城里有一块地方闲置着，于是兄弟俩就产生了办餐馆的想法。

1937 年，兄弟俩说服了阿卡迪尔的圣安尼塔赛车场附近的一块土地的主人，在那里建造了一座服务到汽车的餐馆。

两兄弟和一般的汽车餐馆的主人不同，他们虽然开始的时候对饮食业一窍不通，但是他们非常聪明、善于思考。他们雇用的都是技术和经验很出众的厨师，尤其是加强了服务的管理。

他们从厨师那里学会了烤肉，两年后，开始在铁路城圣伯那地诺找地方，准备开一个大一点的烤肉店，为此向美洲银行贷款 5000 美元。

1948 年餐馆开业之后，业务开展得很快，对青年人尤其有吸引力。过了一段时间后，他们发现，在过去几年餐馆的收入中，竟然有80% 都是汉堡包带来的！

于是，他们改变策略，在确定数量有限的菜单时，把每个步骤都减少到最基本的标准，然后用最少的力量去完成。在餐馆里只卖汉堡包、炸土豆条和一些饮料，而且这些都是在一条生产线上准备的。

这个办法真灵，由于简化了制作程序，他们能够集中精力抓每一个环节的质量，从而生产的汉堡包等物美价廉，服务又快捷到位，他们的生意迅速发展起来。

1954 年，克洛克到这里考察他们生意的时候，"麦当劳"已经有了 10 家连锁店，一年的营业额高达 20 万美元。

克洛克完全被兄弟俩的讲述迷住了，他的心中产生了多年未曾有过的一种冲动，这种冲动就像海浪一样一波波拍打着他的神经。

第二天，麦当劳兄弟又带着克洛克去参观他们的生产线。

克洛克仔细地观察烘烤肉饼的人是怎样工作的，看到他在翻肉饼时是怎样扑打它们的，也看到他是怎样不停地把"哧哧"响的烤饼锅刮出响声的。

但克洛克特别注意了炸薯条的情况。麦氏兄弟说过这是他们销售能取得成功的一个关键因素，而且还介绍了炸薯条的工序。可克洛克还是要亲眼看一看它的操作过程。要把薯条炸得那么好吃，肯定会有些诀窍。

麦氏兄弟把他们从爱达荷州买来的高质量土豆装在箱子里，码放在屋后仓库里。由于耗子和其他动物会咬土豆，箱子壁是用两层软线编的细网做成的。这可以挡住小动物，同时又可以让新鲜空气在土豆中间循环。

克洛克看到，人们将土豆装包，然后放上四轮车送到那座八角形的路边餐馆里。在那里，人们十分小心地削去土豆的表皮，上面还留下一层内皮，然后把它们切成长条，再浸泡在一个大冷水池里。

做炸薯条的人把袖子挽到肩膀上，把胳臂伸到飘浮的土豆中间，再轻轻地搅动它们。土豆的淀粉使水慢慢变白。水被抽干后土豆上剩下的淀粉被一个活动的水龙头冲洗掉。然后，土豆被放在铁丝筐里，筐篮紧挨着炸锅排放，就像一条生产线一样。在卖薯条窗口的一根链子上挂了一个大的铝制筛盐器，它不停地摇动，就像童子军里女孩子的铜鼓。

克洛克被这条生产线牢牢地抓住了：厨房是一个完全透明的地方，大大的玻璃橱窗里，身穿雪白衣帽的厨师们紧张而有序地忙碌着，烤 、炸薯条，调制饮料。外面的顾客可以亲眼看到这些食品的制作过程。每一份食品只需要15秒钟就可以送到顾客手中。

克洛克不由自言自语："这招真是太绝了！这样一来，人们一定会放心自己买到的商品的清洁。而且如此快速，若非亲眼所见，说什么我也不敢相信。"

参观完回到会客室里，克洛克对麦当劳兄弟赞叹说："真是难以置信！先生们，这真太让人惊叹了！"

麦当劳兄弟也得意地说："这正是我们经营的诀窍。"

克洛克这时说："在全国各地推销多功能奶昔机的时候，我到过许多餐厅和服务到汽车上的路边餐馆的厨房，但我从未看到像你们这样有发展潜力的厨房。你们为什么不再开几个这样的餐馆呢？这对你们来说是一座金矿，而且对我来说也是这样，因为每个这样的餐馆都会增加我销售混合器的数量。你们觉得这个主意怎样？"

听了克洛克的问话，兄弟俩相互看了一眼，竟然没有作答。

克洛克感到气氛一时有些尴尬，好像是在从汤碗里把领带拖出来一样。

麦氏两兄弟只是坐在那里看着克洛克。后来，莫里斯缩在那里，有时候笑一下，然后在椅子上转过身子，用手指着餐馆对面："你看，克洛克先生。"

克洛克顺着他手指的方向看去，那是一个小山坡。

莫里斯说："看见那座门前有宽走廊的大白房子了吗？那就是我们的家，我们爱这个家。晚上，我们就坐在那个走廊上看太阳落山，看我们现在这个地方。这里很平静。我们只想使这里的一切照常进行，而不需要再增添麻烦。餐馆越多，麻烦也越多。现在，我们有能力享受生活，而这就是我们要做的事。"

理查德也接着哥哥的话说："所以，我们对现在的生活很满足，我们觉得事业和家庭两者兼顾才是人生最大的乐趣。"

克洛克听了两兄弟的话，不由心里暗暗生气："这么好的商机竟然白白浪费掉不去抓住，真是太可惜了！这两个没出息的家伙。"

克洛克想了一下，又说："你们看，我有一个好建议，能让你们既享受现在的生活，又不会被数不清的事务缠身，好不好？"

兄弟俩都瞪大了眼睛看着克洛克，齐声问道："什么办法？"

克洛克说："你们在外地开连锁店，主要是怕牵扯太多的精力，觉得麻烦，是不是？那如果有人能帮你们来开呢？"

"谁来帮我们？"

克洛克笑了："我，我可以帮你们开餐馆，代理你们新餐馆的特许经营。你们不需要出去考察，也不用插手管理，什么麻烦也找不到你们，我每个月都会给你们寄一张支票。如果同意，我们之间签一份协约就行。"

这个答复似乎使他们兄弟一时感到很突然，但是，他们很快就活跃起来，并越来越有热情地同克洛克讨论起他的建议；并决定找他们的律师一起来参与讨论。

最终，他们达成了协议：克洛克有权在美国各地模仿他们的经营方式，建筑物要与他们的建筑师设计的那种有金色"M"形拱门的新建筑一模一样，顶部都要有"麦当劳"的名字。所有标志、食谱都要一致。在新的餐馆里不能偏离麦当劳的计划，除非克洛克收到他们共同签署的有官方证明的文件说明才能进行某些变化。

协议还规定：克洛克可以得到特许经营权销售额的 1.9% 作为服务费，其中 1.4% 属于克洛克，0.5% 属于麦氏兄弟。

克洛克曾建议拿 2%，但麦氏兄弟却摇着头说："不行，不行！如果你对特许经营代理人说，你准备拿 2%，那他们肯定会犹豫不前。不要说得太满了，不如变成 1.9%，这让人听起来似乎就少得多了。"

克洛克完全陶醉在麦氏兄弟大力发展服务到汽车餐馆的想法里，他似乎看到正把 8 台多功能奶昔机运到了每一个餐馆一样，没有进行更多的讨价还价。虽然他已经 52 岁了，但是他雄心勃勃，决心在有生之年再大干一场。

签约之后，克洛克兴奋地返回芝加哥，虽然自己是个在商战中精疲力竭的"老军人"，但他还是急于想采取行动。他当时身患糖尿病和早期动脉炎，在早些时候的商业竞争中他失去了胆囊和大部分甲状腺。但他仍然相信，最美好的东西就在前面。他仍然充满活力，而且正在成长。他比飞机飞得高一点，那是在云层的上面，阳光明媚。人在那里看到只是无云的天空和从科罗拉多河到密歇根湖之间像波浪翻滚的无垠土地。

然而，当飞机开始向芝加哥降落时，一切又都变得灰蒙蒙的，而且有一场暴风雨要来临。克洛克把这些又看成了不祥之兆。

一进家门，克洛克就兴奋地对埃塞尔叫道："亲爱的，你知道我又有什么激动人心的事要告诉你吗？"

埃塞尔已经多年没有见到克洛克快乐成这样了，不由惊奇地问："什么事啊？"

克洛克绘声绘色地把一切经过都告诉了妻子，并强调说："我感觉幸运女神正在向我招手，我将从此告别平庸，做一番影响世界的大事业了！"

不料，埃塞尔刚听完就被气坏了："够了，雷，你这些年在生意场上一次次冒险行为，给我和女儿带来了多少惊吓。现在女儿已经结婚了，我们现在的生活你难道还不满足，还要在这么大年纪再瞎折腾？你这是自找麻烦！……算了，你别再说了，我不想再听到你跟我说关于'麦当劳'的任何事！"

克洛克觉得自己一下被拎到了冷空气中，他忍不住和埃塞尔大吵了一架。

克洛克又把自己的想法告诉了原先在莉莉公司的秘书马歇尔·里德。

马歇尔听了之后笑着说："我认为你的想法太仁慈，这是男性更年期综合征吗？不过我倒想看看：普林斯堡销售公司的总经理是在用什么办法来使卖 15 美分的汉堡包销售亭得以运转呢？"

克洛克在阿灵顿的家紧靠着绿滚石乡村俱乐部，他也是俱乐部的成员，一些俱乐部的熟人听了克洛克的想法后都说："你卷入这种 15 美分的汉堡包生意是思想上走了神吧！"

虽然没有得到埃塞尔和老朋友的支持，但是克洛克不会放弃。他立刻四处奔波，着手进行开麦当劳连锁店的事务。

克洛克在心里暗暗地说："等着看吧，埃塞尔，还有所有的人，我将会创造一个多么灿烂辉煌的未来！"

仔细考察新开张店

1955 年 3 月 2 日，克洛克创办了"麦当劳连锁公司"。

早在去年与麦当劳兄弟签约的时候，克洛克就意识到一点：麦当劳兄弟虽然开餐馆是一把好手，但在发展企业规模上却完全是"门外汉"。

他们另外还有 10 个服务到汽车的路边餐馆许可证，其中有两个在亚利桑那州。但是，他们把特许权卖给别人之后，把钱装在口袋里就不再过问那些店的经营情况。

克洛克亲自悄悄地到另外那几家都看了一看，发现这些店的标准非常不统一：有的店里食品的味道跟总店的相差很远，薯条也不够新鲜；还有的店食谱几乎一天一变，里面什么都卖，跟个杂货铺一样，根本就没有固定的经营方式；大多数店的服务水平远远达不到总店的水平，人们排着长长的队伍到了窗口前，却发现薯条还没有炸出来。更糟糕的是，有的顾客吃了有的店里变质的烤肉后，竟然会拉肚子。

克洛克考察了一圈回来之后，对自己的"麦当劳公司"未来做出了新的规划：要想把"麦当劳"的品牌推广到全国甚至全世界，就要把各个连锁店每个方面的标准统一起来。从我的第一个麦当劳样板店开始，就要给以后的经营者树立一个榜样。

为了找到一个能为别人树立榜样的地点，克洛克计划在业余时间能从普林斯堡公司的楼上看到它。这就意味着这块地方应该靠近他家或者办公室。

但由于各种原因，在芝加哥一直没有找到这块地方。最后，克洛克在朋友阿特·雅克布斯的帮助下，在德斯普兰斯找了一块很不错的地方，从家里开车只需要 7 分钟，而且离西北火车站也只有几分钟的路程。

接下来，克洛克严格按照麦当劳兄弟店的建筑师提供的方案来构建房子。但是，这种结构是供半沙漠地带用的，它建在石板地上，没有地下室，而且在屋顶上还有一个冷却器。

承包商问："克洛克先生，我往哪里放这个炉子呢？"

克洛克说："你这是什么话，我怎么知道。你认为放在哪里好？"

承包商说："那需要建一个地下室，其他设施用处不大，但必须要有地下室作为仓库。"

克洛克于是打电话问麦氏兄弟，他们回答说："你觉得怎么好就去做吧，完全没有问题。"

后来，克洛克又建了跟总店一模一样的停车场、厨房。店里的食谱和食品的味道也都跟总店没有一点差别。克洛克一抽出空来，就会去查看麦当劳建设中一些不合适的地方，甚至还请利特勒设备公司的吉米·辛德勒去圣伯那地诺总店仔细研究过炸薯条用的炸锅、筛子之类的东西。

所有一切都准备好了，现在克洛克要考虑一个实质性的问题：这家样板店要选一个合适的人来做经理。

但是，克洛克很长时间都没有找到一个很好的管理者。

后来，克洛克的一位在绿滚石俱乐部的好朋友对他说："我有个女婿，名叫埃德·麦克卢基，他在密歇根州一家小五金批发部工作，由于生意并不景气，所以想找个工作。我看他很不错，你不如去看看。"

克洛克去找到了埃德，通过谈话，埃德表示对搞饮食很感兴趣，而且克洛克发现，他容易管束，胆子小，注意小节、爱挑剔，但又有忍耐力。他凭着多年的识人经验认定：这正是我要寻找的品格，就是他了！

1955 年 4 月 15 日，一个晴朗的春日，克洛克的新店正式开张了。

莫里斯和理查德兄弟应邀参加了开张仪式，他们看着装饰一新的餐馆，穿着整洁白色工作服的员工们，非常满意，不住地点头。

走进店内，空气中弥漫着汉堡包和薯条的香气。透过厨房干净的大玻璃窗，可以看到厨师们熟练而快速地煎着肉饼，炸着薯条，搅拌着各种饮料。新置的各种装置闪闪发光，屋内各个角落都打扫得一尘不染。

很快，德斯普兰斯的"麦当劳汉堡包店"就成了当地最好的汽车餐馆，人们都开始喜欢到这里用餐。

克洛克那些天都起床很早，天刚刚放亮他就开着车直奔新店。有时他到达那里时，打扫卫生的女工露丝才刚刚赶到。

露丝赶紧跟克洛克打招呼："您怎么这么早就来了，克洛克先生。"

克洛克也回应着问候："你也早啊，露丝。看来我们都习惯于早点工作。"说着，克洛克就拿起露丝身边的扫帚，开始扫起地来。

露丝惊讶地瞪大了双眼，她还从来没见过这样的老板呢！她赶紧阻止克洛克："还是让我来吧，克洛克先生，你年纪毕竟已经不算小了。"

克洛克却笑着说："没关系的，一定要注意店内卫生，这可马虎不得噢！"

还有一次，克洛克在办公室向埃德布置一些事务之后，就走出办公室去巡视店里的情况了。

埃德把关于采购和订货方面的事务都安排下去之后，就起身去了卫生间。他惊奇地发现，有一个穿着整洁笔挺西装的人正在低头拖地，看背景似乎有些眼熟，但却并不是平时那个负责打扫卫生间的工人，而且工人也不可能穿着西装拖地啊！

埃德正在纳闷，那个人抬起头转过身来。埃德惊讶地脱口而出："克洛克先生，怎么是您？"

埃德赶忙走上前去，夺过克洛克手中的墩布，并说着："怎么能让您干这种活呢？我马上叫工人来打扫。"

克洛克擦了擦汗并喘着粗气说："是的，埃德，不应该让我来干这种活。但是，难道就让打扫卫生的工人在发现这块脏地方之前一直让它脏着吗？"

埃德从这之后，也像克洛克一样，对店里的卫生要求非常严格，他对员工们说："我们要把麦当劳当作自己的家一样爱护。让大家都愿意'回家'，大家明白吗？"

克洛克听说之后，心里非常高兴。

发现问题调查解决

1955 年 5 月底，克洛克招聘了哈里·索恩本。哈里原来是泰斯特冷冻公司的副总裁，是克洛克在做多功能奶昔机时认识的。

哈里出生在印第安纳州的埃文斯维尔。童年时，他的父母就去世了。他是由在纽约开男工服装成衣厂的叔叔抚养长大的，后来在威斯康星大学毕业后就一直住在芝加哥。

这一天，哈里打电话给克洛克："克洛克先生，我已经辞去在泰斯特公司的职务，卖掉了全部的股份。我希望我能为您工作。我听说过你在德斯普兰斯的店，所以我就出来找这个店。我现在可以告诉您，在马路这边看，你已经是赢家了，克洛克先生。"

克洛克回答说："我有兴趣和你谈谈，但我必须告诉你，我现在还没有能力多雇人。"

哈里说："我很乐意试一试，以便改变你对这一点的看法。"于是，他们安排了一个时间，53 岁的克洛克与 39 岁的哈里见了面。

又高又瘦的哈里外表看上去显得有些笨拙，但克洛克很清楚，哈里正是他需要来发展麦当劳的人。

不过克洛克还是表示："我没有钱雇你，我现在的资金完全来自于普林斯堡销售公司，我还要负担设立新的专营店系统的费用。"

但哈里很有决心说："克洛克先生，我有决心把麦当劳搞好。如果需要的话，我可以一天 24 小时都贡献给麦当劳！"

克洛克很佩服哈里的韧劲，他也能想象得出，哈里来管理财务，琼管理办公室，自己负责经营发展业务，麦当劳一定能迅速发展。

而且，哈里提出的条件也让克洛克无法拒绝。他说："我来麦当劳工作只需要每周 100 美元的净收入。"

哈里进入了麦当劳，他积极地钻研当时克洛克面临的许多法律和财务方面的问题。他钻进书堆里，了解合同的详细情况、财务策略以及律师和银行家的情况，为麦当劳开辟了一个新天地。

克洛克的第一家样板店顺利开张了，虽然从一开始就赚钱，但是，差不多用了近一年的时间才使它进入了平衡的经营状态。

新店开张不久，克洛克就发现了一个很重要的问题，他的汉堡包和总店的没有什么两样，甚至口感还要更好一些，但是，新店的薯条吃起来却平淡无味，就和其他的快餐店的薯条没什么特别之处，这跟总店的甜美香的薯条简直就没法相比。

克洛克仔细回忆在总店学来的一切细节，自言自语说："没有什么差别啊，那问题到底出在哪里呢？"

炸薯条成了克洛克担心最多的问题。他带着埃德在厨房里反复示范着削土豆："这就是麦当劳的诀窍，土豆上留下薄薄的一层皮，以增加一点味道。把土豆切成像鞋带一样宽的细条，浸在冷水洗涤槽里。"

然后，克洛克卷起袖子，先对手臂进行消毒，把胳膊伸进水里轻轻搅动土豆，直至水色变白；然后，把它们彻底地漂洗一遍后放在筐里，再用滚热的油炸透。

薯条被炸得成了特别好看的金黄色，如一个个小船儿浮出油的表面。克洛克拿起来放在嘴里嚼："噢，松软得就像玉米粥！我在什么地方弄错了？是否忘了什么？"

克洛克疑惑地看着埃德。

埃德说："要不要向总店打电话问一下？"

克洛克说："不，还是我亲自去一趟。"

克洛克赶到总店又看了那些步骤，"没有错啊，所有细节完全一样！"莫里斯和理查德兄弟俩也弄不明白这到底是怎么回事。

克洛克整天在办公室里走来走去，一直想不明白薯条味道差别的秘密："就没有一个专家能够解答这个问题吗？专家……对啊，找专家。"他马上把秘书叫了进来："快，你立刻跟我查土豆和洋葱协会的电话号码！"

打通电话后，专家们让克洛克亲自去一趟，详细讲一下炸薯条的程序，一步一步讲清楚。

专家们听了，摇摇头困惑地说："两家的程序完全一样，这根本找不出症结所在。"

克洛克一下子感到有点绝望了。

这时，坐在墙角的一位年轻的图书管理员突然开口说："克洛克先生，您说一下，他们是在哪里收购土豆的，又是怎么存放的呢？"

克洛克似乎看到了一丝希望，他说："他们是从爱达荷州的土豆种植主那里收购土豆的。土豆就存放在仓库里，用遮光的细丝袋装着。"

年轻的图书管理员突然说道："好，就是这个原因！"

克洛克诧异地看着这个年轻人。

图书管理员眼睛发亮，高兴地说："克洛克先生，我发现了这个秘密！"

克洛克心情激动，几乎是在哀求他："真的吗？那就快点说出来吧！"

年轻人说："土豆刚被刨出来的时候，水分很多。当它们干了以后，糖分就变成了淀粉，味道也就变了。这可能也是一种巧合吧。可能麦氏兄弟也未必知道，用通风的口袋对土豆做了自然处理，是让沙漠里的干燥风吹在土豆上，土豆就干得特别快，他们无意中帮土豆多储存了糖分，味道也就不一样了。"

克洛克兴奋地上前抱住了这个聪明的年轻人："谢谢你，问题原来就是这么简单，连麦氏兄弟也不知道自己的薯条特别好吃的秘密！哈哈，秘密解开了，就有办法解决了。"

在土豆专家的帮助下，克洛克设计了处理系统，把土豆用带孔的细丝袋子来装，放在干燥的地下室里，这样旧土豆就总是排在前面等着去厨房。另外在地下室里装了一台大电扇，不停地给土豆送风。

埃德看了，对克洛克说："我们有世界上最娇贵的土豆，把它们做熟，我几乎都有一种犯罪感。"

克洛克说："说得对，埃德。我们把它们做得更好。我们要把它炸两遍。"随后，克洛克就解释了土豆专家建议的试验程序。他们把每筐薯条先在热油里蘸一下，让它们滴干油后，再送到锅里炸透。这样，薯条就达到了超出期望的效果。

后来，克洛克还发明了一种方法，把炸好的薯条放在一个不锈钢的大滴油盘里，盘子上装了几盏灯泡来烘干，这样薯条的油脂就很快吸干了，卖到顾客手中的就是干爽酥脆的美味薯条了。

克洛克的一个供货商对他说："雷，你应该知道，你还没有进入汉堡包的行业。我不知道你是怎么支撑下来的。在这个城里，你的炸薯条是最好的，这就是你在店里向人们卖的东西。"

克洛克笑着回答说："我认为你说得对，不过，你这个狗东西，千万不要把这些都告诉别人啊！哈哈……"

埃德在算账的时候发现，用这种新方法炸薯条，无形中增加了许多成本，相对而言利润也就少多了。于是他向克洛克建议："我们是不是考虑适当地把价格涨一涨呢？"

克洛克却坚定地说："不，我们的薯条还是卖 10 美分一份。埃德，只有我们在同等的价格上比别人做得更好，我们才会吸引更多的人来买我们的食品。做生意不能只图眼前的一点好处。"

埃德很佩服克洛克的见解，因为不久他就发现，店里的顾客几乎比之前增多了一倍，并且好多人都是特地开车从远处赶来光顾这家具有"独一无二美味的薯条"的餐馆的。有的人自己吃完了，还要多买几份，带回去让家人和朋友品尝。

招纳贤才同舟共济

1955 年，克洛克成立了麦当劳特许经营公司之后，专门负责把麦当劳的品牌卖给合适的经营者。

与此同时，克洛克多功能奶昔机的生意依然还做着。他应该感谢多年来的这家普林斯堡销售公司，公司销售收入用来支付房租和工资，而他自己却全身心地投入到开发麦当劳的事务中。

克洛克每天都到得很早，帮着把店铺开门上的准备工作做好。然后把订货和保证食品供应方面的细节写下来留给埃德。之后把车留在店里，步行到三四个街区以外的西车站，赶乘 7 时 57 分的快车到芝加哥，在 9 时以前到达普林斯堡公司办公室。

在克洛克的周围，现在有一个优秀的群体。克洛克就像是一艘航行大船上的船长，带着两方面的船员们一起扬帆远航。

琼一般都比克洛克先到普林斯堡的办公室，她现在几乎负责公司里所有的日常事务，比如他们在东海岸的代理商之间的业务等，他们在各地都有代理人搞多功能奶昔机的销售。

克洛克个人则负责处理与一些大客户的业务。随着麦当劳的业务需要他投入越来越多的精力，一切事务都由琼来打理。克洛克感觉，有琼在，一切永远都是那么井井有条，他不会为之担心。

而每到晚上，克洛克总爱坐车回到德斯普兰斯，再走回麦当劳店，他有时会恼火埃德忘了在天黑时把灯打开，或者忘了收拾店周围的一些垃圾。不过这些都是次要的，埃德的确忙得没有时间。

哈里这位克洛克的"财务部长"已经成为金融方面的专家，他帮助克洛克把麦当劳的财务管理得清清楚楚。而且，在哈里的建议下，克洛克还把公司的一部分钱投在了房地产上，这也带来了很大的收益。

哈里还要去银行去洽谈每一笔贷款，有了这样一位得力的助手，克洛克身上的担子明显轻多了，他可以不用担心公司的经济问题，而把精力都用在发展业务方面。

1956 年，麦当劳连锁餐馆越来越多了，克洛克需要招聘一个专人来管理这些餐馆，这时，23 岁的弗雷德·特纳来到了他的面前。他是和一个叫乔·波斯特的年轻人看了克洛克在《芝加哥论坛报》登的有关办专营店的广告后一起来应聘的。

2 月的一天，当弗雷德·特纳第一次走进克洛克办公室的时候，克洛克看着这个长着可爱的娃娃脸，一笑眼睛就眯成一条缝的年轻人，心里就喜欢上了。弗雷德和乔以及另外两个人成立了一个波斯特—特纳公司，想要买下一个麦当劳的专营店，由弗雷德和乔来经营，他们愿意用分期付款的方式支付许可证费用。

克洛克很高兴，并建议他们在找到自己办店的地点以前，可以先在德斯普兰斯的店里工作一段时间，学习办店的方法。

弗雷德接受了克洛克的建议，立即到店里去工作了，一小时拿一美元的报酬。

克洛克很快就发现，弗雷德的才华和能力远远超出了他这个年龄的人所能具备的。他有一种天赋，很快就适应了麦当劳有序运转的节奏，知道工作的轻重缓急。他有着非常强的创造力和外交能力，在和供应商打交道的时候，几乎无往而不胜。

这年秋天，比尔·巴尔在芝加哥西塞罗大街上新开了一家麦当劳店，他问克洛克："能否让弗雷德去做我这个店的经理？"

克洛克爽快地说："当然可以。但是你要记住，我想让他到公司来，当时机成熟的时候，我就会把他要回来。"

不久以后，克洛克在伊利诺伊州南部坎卡基的发展出现了困难，他急切想把弗雷德要回来去处理这件事。弗雷德同意了。

1957 年 1 月，弗雷德来到麦当劳公司办事处工作，这一年，他们在全国一共新开了 25 家麦当劳餐馆，在全国一共有 37 家连锁店了。

另外，弗雷德还为所有麦当劳餐馆统一了进货的渠道，改进了包装的质量……

经过一段时间之后，克洛克心里竟然闪过了这样一个想法：这个年轻人生来就是个当领导的料，早晚有一天会接自己的班，成为麦当劳公司的总经理。

克洛克的领导风格倾向于专断，这与哈里内敛的风格相去甚远。从另一方面看，哈里的冷静、不动情的行为方式却无法激起人们的精神和热情。克洛克更喜欢让人们充满热情，他喜欢把麦当劳的精神灌输给他们，然后再观察他们的工作成果。

哈里和克洛克不一样，但长期以来，他们能够互相补充，使那些不同之处把他们变得更加强大。

弗雷德使这个联合体又增加了另一个特色。他帮助新的经营者开业，帮助他们与当地提供肉、小面包和调味品的商人打交道。他的对外交往能力，加上他在烤食品方面的经验，使他们对供货的方式及其包装做了重大的改变。

克洛克的麦当劳王国雏形已经基本形成，克洛克是当然的"国王"，他热情奔放的气质以及他雄才大略不亚于任何一个真正的国王。

而琼则是忠心耿耿的"内务大臣"，王国的一切内部事务都由她来管理，能保证王国正常运转。

"财务大臣"当然是哈里了，他一直牢牢地掌握着财务大权，让这个王国变得越来越富足。

弗雷德是当仁不让的"外交大臣"，同时又是攻城拔寨的"大将军"，负责处理王国一切外部事务，他勇敢而坚韧，英明而果断。

王国就在这样一群优秀群体的经营下向前稳步发展着。

群策群力攻克难关

1959 年，威斯康星州的一个承包商克莱门·博尔找到了哈里，他承诺说要为克洛克的麦当劳公司帮忙，并许下一个相当诱人的计划："我想到处走走，以便在全国不同的地方为麦当劳餐馆找到好的地点，然后买下地皮，让麦当劳公司在那里造房子。另外，我还可以帮你找到贷款，把它们租下来。"

哈里带克莱门去见克洛克，克洛克见克莱门说得很诚恳，就答应了。

克莱门于是到遥远的郊区去寻找地皮，还真找到了一块位置不错的地皮，并在上面盖起了麦当劳餐馆。

克洛克和哈里对这件事并没往多处想，因为他们忙碌于自己的项目，使麦当劳的迅速发展成为可能。

突然有一天，琼给克洛克打电话："克洛克先生，哈里有急事要跟你谈一谈！"

克洛克一听琼的语调异于常日，就意识到可能要出事了，而且肯定与克莱门有关。因为之前哈里就跟他谈过，说克莱门行为有些怪异。

当时克莱门已经有了 8 块地皮，每块地皮上的麦当劳餐馆都已经即将完工，他一直向克洛克汇报好消息。

但现在克莱门却突然消失了！

哈里和琼来到办公室，他把这一切都告诉了克洛克。然后他说："雷，这次我们恐怕要遇到大麻烦了！我们的债权人对我们租赁土地提出了起诉。那个畜生从来也没有把这些财产的所有权划清楚，他从来也没有为这些找到财政资助。现在，它们的主人都找到我们头上来了。"

克洛克一听，简直都要气晕过去了，他问："我们该怎么办呢，哈里，大概要多少钱？"

哈里说："噢，雷，至少是40万美元。"

克洛克快要疯了："我的上帝啊！我们还仅仅是一个小公司，到哪里去弄这笔钱呢？"

克洛克在办公室里来回踱步，一会高声大骂克莱门："抓到你我非把你撕成两半不可！"一会又责怪自己："当初就不应该相信这个大骗子！"

办公室里其他人一时都不敢出声，只是静静地坐在那里。

过了一会，琼站起来走到克洛克身边："雷，安静一些，着急是于事无补的。"

克洛克却按捺不住："我们该怎么办？！"

这时哈里说话了："雷，听我说，你也不要太悲观了，也许事情还没你想象的那么糟。"

克洛克听了哈里的话，他停住了脚步，因为哈里是一个十分内向的人，不经过深思熟虑他是不轻易开口的。

于是他看着哈里："说吧，哈里。"

哈里说："我有个主意，我认为它可以把我们拉出泥潭，我们可以要求麦当劳的供应商给我们提供贷款。我算了一下，大概可以搞到30万美元。另外，我在皮奥里亚认识一个名叫哈里·布兰查德的人。他的老婆有一座大啤酒厂，他有些钱可以借给别人。我认为他可以帮助我们渡过难关。"

弗雷德在旁边听了，也兴奋地站了起来："这是个好主意！我们的供货商一定会帮我们的！因为我们是他们的最大客户，我们垮了对他们也是一个沉重的打击。他们应该与我们同舟共济。"

琼也说："雷，我也同意哈里的计划。我们马上分头行动，你和哈里就专心去办这件事，公司有我和弗雷德你就放心吧！"

于是，克洛克和哈里以最快的速度去实施这个计划，而且一切都如神助般成功了。珀尔曼纸张公司的卢·珀尔曼、埃尔金奶制品公司的苹·卡尔斯塔德、玛丽·安银行公司的路易斯·库丘雷斯和大陆公司的阿尔·科恩等都同意提供贷款。哈里的朋友布兰查德及他的合伙人卡尔·扬也把钱借给了克洛克。

就这样，40万美元居然在很短的时间里就凑齐了！

虽然这种局面使克洛克的财务出现了不稳定的状况，但经过这么一处理，坏事竟然变成了好事，克洛克他们又多出了8块位置极佳的地盘，而且马上就竣工的麦当劳店刚一开张，就生意火爆！

1959年，公司实现纯利润90000美元。

另外，通过这件事，他们和供货商之间创造了相互信任、相互支持的精神，并且这种关系越来越牢固。

它的另一好处是，使克洛克从此有勇气去大量借钱，从而更快地发展麦当劳餐馆。

绝处逢生的克洛克高兴地请他的得力干将哈里、琼和弗雷德，到一家当地最豪华的酒店去吃饭。

克洛克在饭桌上频频举杯向3个人敬酒，他眼含热泪说："我心中的激动是无法用语言来表达的。真的。我对你们，尤其是你，哈里，我真不知道该用什么样的话来表达我对你的感激之情。没有了你们，也就不会有麦当劳的事业，我相信，我们的未来一定是无比辉煌的！而这辉煌，属于我们在座的每一个人，属于我们这个团结一致的团队！让我们为了麦当劳的明天——干杯！"

4个人共同举起酒杯，一饮而尽。

这一年，哈里被任命为公司总裁兼总经理，克洛克出任董事长。

冒风险买下麦当劳

1959 年，克洛克在与哈里等人讨论贷款问题的时候，就产生了自己办 10 多个餐馆并组成一个公司的主意。

他认为，这样即使在麦当劳兄弟提出他们不履约的问题时，这个公司依然能使他们得到稳定的收入。再往远处看的话，即使情况最不好的时候，他们还可以退一步用别的名字来经营这些餐馆。

这种想法也是在克洛克与克莱门打交道过程中得到的经验。

这种经验就是，公司不能变成各店的供应商。克洛克必须在各个方面尽力帮助每个经营者获得成功，他们的成功就保证了克洛克自己的成功。

克洛克无法把经营者看成是自己的一个客户，他说："把一个人既看成合伙人同时又要向他出售东西时得到利润，这两件事在处理时是相矛盾的。一旦卷入了供货的业务，那对销售所得的关注就会超过对专营者销售情况的关注。这种倾向就会逐渐变得很强，使你为了获得更多的利润，而较少地关心卖给他的东西的质量。这些都会对专卖者的生意产生负面影响，当然最终也会对自己的生意不利。"

抱着这种想法，克洛克也慢慢在建立自己公司经营的餐馆。第一个麦当劳经营公司的餐馆是从加利福尼亚州托伦斯的一个经营者手里买过来的。

1960 年夏天，由克洛克他们公司自建的第一个餐馆在俄亥俄州的哥伦布开张了。

8 月 30 日，麦当劳的第二百个店面在田纳西州诺克斯维尔开张，它的店主是原海军陆战队的一名少校利顿·科克伦。当时，在仅隔那处店不远的地方就有搞汉堡包经营的竞争者，而且它还是南部地区的一个大连锁店。

就在利顿的麦当劳餐馆开业的那一天，他的竞争者宣布推一种特价——30美分买5个汉堡包，并且一个月之内价格不变。

利顿虽然没有卖出什么汉堡包，但是他仍然在获利，因为许多人在麦当劳的竞争者那里买了汉堡包之后，又到利顿的店里去买饮料和炸薯条。利顿相信，他只要坚持下去，竞争者就无力长期坚持下去，而他的生意在竞争者垮台之后就会立即好起来。

但是利顿没有想到，竞争更激烈了，对手又打出了新特价的广告："10美分一份，包括汉堡包、奶昔和炸薯条！"

这下可真把利顿给镇住了。他的一个律师朋友对利顿说："利顿，他们这明显违反了联邦贸易条例，因为这个连锁店在用削价的办法来挤垮你的生意。我来帮你到政府起诉这个竞争者。"

一天下午，利顿又把这件事告诉了克洛克。克洛克看着利顿说："你有些灰心了，利顿。我们可以在这一点上达成一致，但是我想告诉你，你对有些事情的感觉是强烈的。使这个国家变得伟大的，正是我们的自由企业的体制。如果我们一定要运用到政府起诉的手段来挤垮我们的竞争者，那么我们就活该要破产。如果我们无法提供更好的15美分的汉堡包，不能当一个成功的商人，不能提供更好的服务和比较清洁的地方，我宁可明天就破产，不再干这一行，而是从头开始去干别的。"

利顿听了克洛克这番发自内心的、令人深思的话后，连夜赶回田纳西，在店里重展宏图。

从此，克洛克再也没有听到利顿向他的抱怨，他知道，这名前海军陆战队的大兵肯定已经圆满地解决了这个问题。

1961年，克洛克创办麦当劳公司已经将近6年了。这时，他已经在全国拥有了228家连锁餐馆，这一年的营业额达到了3780万美元。

它击败了所有和它竞争的汽车餐馆，而且，他们成功的方法也被其他店家所学习。

但是，克洛克年底一算账，却怎么也高兴不起来："我们拼命工作了一年，做出了这么大的成就，可是公司却只赚了70000多美元。而麦当劳兄弟啥也不管，坐在家里就能得到19万美元。哪有这么便宜的事？"克洛克越想越不是滋味。

有一次，有一个叫皮里斯的经营商给克洛克打电话诉苦说："真是可笑，我的经营状况不是很好，你请莫里斯和理查德兄弟来指导一下。他们几乎整天在这里闲逛，他们已经准备离开这里了。雷，你知道他们对我说什么？他们说：'你的一切都很好。你现在需要的是继续这样做下去，生意会有的。'太让人恼火了，他们没有给我任何帮助！"

不但是克洛克，哈里、琼、弗雷德等人都为麦当劳的事业苦苦打拼了好几年，但是他们的付出和报酬显然不是对等的。

克洛克与麦当劳兄弟想的根本就不是一码事。克洛克一门心思想的是把麦当劳办成最大、最好的企业。而他们却仅仅满足于现有的一切。

这几年里，克洛克他们做出了几百次细小地方的改良，为的是使麦当劳的品牌永远立于不败之地。但是麦当劳兄弟却什么都不想改变，他们对考虑更多的风险和更大的需求从来不感兴趣。

而克洛克对他们无可奈何，芝加哥离加利福尼亚太远了，他们之间无法经常沟通。

克洛克越来越感到，安于现状、不思进取的麦当劳兄弟已经成为麦当劳事业最大的绊脚石。但是，克洛克要与麦氏兄弟切断关系的主要原因，是他们拒绝修改协议任何条款，从而妨碍了克洛克的发展。

不管是什么原因，克洛克都想从他们的控制下解放出来。

克洛克从与好朋友、纸张供应商卢·琅尔曼及其他人的谈话中，得知可以劝说麦当劳兄弟出售公司。他们说，由于莫里斯的身体欠佳，理查德对此感到担心，并谈到过要退休的事。

克洛克在办公桌上重重地擂了一拳，下决心说："是时候了！我来帮他们及早退休！"接着他就拿起了电话："哈里吗？嗯，你到我这里来一下，是的，我有重要的事情要跟你商量，是很重要，可能关系到我们的下半生，总之是要多重要就有多重要。好的，我在办公室等你。"

哈里以最快的速度站到了克洛克的面前，说："到底是什么重要的事？雷，你在电话里说得那么吓人。"

克洛克坐在椅子里，郑重地对哈里说："哈里，坐下，听我说。我想把麦当劳买下来，是彻底买下来。我们不能再受麦当劳兄弟控制了！我已经无法再忍受了，现在是时候了，麦当劳应该由我们真正地来控制，我想我们能够做到。"

哈里少有地露出了兴奋的神情，说："雷，你跟我想到一块去了。我早就想过这个问题了。"

克洛克说："那好，我们一起来研究一下如何来说服麦当劳兄弟。"

两个人琢磨了好久，想好一个方案，被推翻了；再想一个，又被推翻了。

克洛克拿着圆珠笔，在纸上漫无目的地乱画着。苦苦地思索怎么开口才能说服麦当劳兄弟，突然，他站起身把圆珠笔往桌上狠狠一摔："哈里，我们不用再商量这个办法那个方案了，无须犹豫不决，因为他们的律师只会为打嘴仗浪费很多时间，最后我们自己将一事无成。我就直截了当跟麦当劳兄弟说，看他们怎么答复。"

随后，克洛克就拿起电话，向莫里斯说明了自己的想法。他最后说："莫里斯，我希望你好好考虑我的建议，最好现在就告诉我一个价格，看看我们能否接受。"他们决定对麦当劳兄弟用单刀直入的办法。

莫里斯回答说："那让我跟理查德商量一下，过两天再告诉你。"

两天之后，莫里斯给克洛克打来了电话。克洛克心情忐忑地拿起了电话，他不知道莫里斯会给他报出一个什么价格。

突然，克洛克大声嚷道："什么，270万美元?!"

克洛克听完后就扔下了电话和手边的一切东西，过了10多秒钟才又拿起电话。

莫里斯问："刚才是什么东西发出的噪声?"

克洛克告诉他："那是我从拉萨尔—瓦克尔大厦的20层跳出去的声音。"

"什么?"

"没什么，你接着说。"

莫里斯在电话里解释道："是这样，我们也是经过慎重考虑的。我们可以卖掉所有的专营权、名称、圣伯那地诺的餐馆以及与这有关的一切。你知道，我们感到已经赚钱了。我们做生意已有30多年，每周工作7天，一周也不间断。但麦当劳毕竟是当初我们辛辛苦苦才开创起来的，不能少于这个数目了，然后麦当劳所有的一切就都是你的了。我们拿到这笔钱，就去自己想去的地方旅游，从今以后再也不会过问麦当劳的事情了。"

克洛克再次拿出了当年与克拉克交锋时的勇敢，他答应了。但是，买下麦当劳自己建公司需要投入大量的资金，克洛克每天都在叫着："钱！钱！"就连做梦都会梦到花花绿绿的钞票向他飞来。

无论如何，也要拿下麦当劳，实现自己和大家的梦想！

哈里再次扮演了"单骑救主"的角色，他与3家保险公司谈了，他们愿意借给克洛克150万美元，条件是占公司22.5%的股份。另外还在他的朋友李·斯塔克的帮助下搞到了270万美元的现金！

这些资金成为麦当劳火箭式发展起飞阶段的助推器，把麦当劳公司送进了轨道。

按照克洛克和哈里当初的设想，依当时麦当劳的发展势头看，可能要用25年至30年的时间还清这270万美元。但是出乎他们意料的是，麦当劳迅速发展起来，他们只用了10年就还清了所有欠款。

现在，全美国所有麦当劳快餐的连锁店都属于克洛克名下了。克洛克希望仍然用"麦当劳"这个名字，因为他从最初就希望麦当劳不只是一个被许多人使用的名字，而是以此建立一个餐馆系统。这么多年好不容易创下了这个品牌，当然不能丢弃了。

公司的名字虽然仍然叫麦当劳，但已经与麦当劳兄弟没有任何关系了，因为他们拿到那笔钱，就愉快地退休了，然后周游各地，照看他们在棕榈泉的房地产投资。

麦当劳兄弟都抛锚了，而比麦当劳兄弟年长十多岁的克洛克，却在他的花甲之年，才刚刚扬帆远航。

麦当劳伟业

　　有人因为竞争可以设法偷走我的计划，抄袭我的风格，但他们永远也没有办法知道我在想什么！所以我会把他们远远地甩在 2500 米以外的地方。

—— 克洛克

创造全新服务方式

1961 年，59 岁的克洛克终于彻底买下了麦当劳的品牌，从此开始创立他真正的丰功伟业。他带领着全新的麦当劳，在激烈的竞争中劈波斩浪，快速前行。

当时，克洛克在绿滚石乡村俱乐部有个朋友阿特·特里格，那时克洛克也经常在那个俱乐部里吃晚饭。于是克洛克就雇阿特给麦当劳的经营者写封信。

不久以后，阿特就成了克洛克的贴身男仆，他们之间亲密得就像小时候的朋友一样。吃晚饭的时候阿特有趣的幽默感和同情心为克洛克解除了不少工作上的烦恼。

而与此同时，克洛克又再次恋爱了。

相遇很偶然，有一次，克洛克到克里特尼恩餐馆去见它的老板吉米·齐恩，因为此人对成为麦当劳的专营店很感兴趣。

在晚餐桌上谈话时，克洛克感到自己的注意力很难集中，因为背后有手风琴拉出的古典乐曲声。克洛克多年的音乐精神随着起伏的节奏跳跃起来。最后，吉米带他去见拉手风琴的人。

"上帝啊！"克洛克立刻被乔妮·史密斯的美貌惊呆了。

很遗憾，通过交谈，知道她已经结婚了。但克洛克却永远也忘不掉她。在后来的几个月里，克洛克经常鬼使神差地去见她。他的理由是吉米要参与麦当劳的事。

开始时，克洛克与她只是做一般性交谈，后来用钢琴和手风琴演二重奏，最后发展到了推心置腹的长谈。克洛克向她倾吐了自己对麦当劳的想法和公司未来的发展计划，乔妮则饶有兴趣地听着。

吉米的第一家店在明尼阿波利斯开张了，而且他雇用了乔妮的丈夫罗利当经理。为了此事，乔妮和克洛克用长途电话进行了商谈。当然，这完全是生意上的事，但它却带有很大的感情色彩。

克洛克与乔妮通电话时，从头到脚都感到兴奋。

有了这种感觉，克洛克更感觉不可能再与埃塞尔生活在一起了。他从阿灵顿高地的家中搬了出来，住进了怀特霍尔的一座公寓。

接下来，克洛克向乔妮建议："我们都先办离婚，然后我们再结婚。"

但是对乔妮而言，这是个难以面对的问题，因为她在成长的过程中非常尊重宗教礼仪，接受了婚姻是神圣的信仰。她拿不定主意。

最后，克洛克决定他自己先离婚。

于是，克洛克与埃塞尔商量了离婚的事，她得到了除麦当劳股份以外包括房子、汽车、所有的保险和每年 30000 美元的生活费。

克洛克一直很敬重埃塞尔，她是一个可爱的人，一个很好的家庭主妇，因此他很乐意付出这些，来确保她有安全感。

但是，克洛克需要支付 70000 美元的律师费，能得到这些钱的唯一办法是卖掉普林斯堡销售公司。哈里帮他做成了这笔生意，即由麦当劳的主要经理人员用 15 万美元的现金买下这个公司。

现在，只要乔妮一离婚，克洛克就可以与她结婚了。克洛克把自己的情况告诉乔妮，并在她思考时观察她脸上的表情。

乔妮答应了，但是她说："我还需要一点时间。"

在等待乔妮作出决定的这段时间里，克洛克的全部精力都投入为麦当劳制定统一的店规上，这个店规用"QSCV"这 4 个字母来表示。

Q——Quality：意思是质量和品质；占据着第一位，表明它非常重要。

克洛克一直把质量和品质放在第一位，他把汉堡包的口味和营养看得比什么都重要。因为既然是餐馆，那首先就要有最好吃的东西，才能吸引顾客。麦当劳的汉堡包味道那么好，那么吸引人，当然不是轻易得来的。

克洛克每次到各个店巡视时，都会对它的经理和员工说："要确保在美国任何一个地方的麦当劳连锁店里，吃到的汉堡包都有相同的口味。质量和大小都要一致，这是一个硬指标，不容半点含糊！"

克洛克依照样板店来作为标准，统一规定了所有麦当劳连锁店使用的调味品，包括油、盐、番茄酱以及肉和蔬菜等，以及食品的制作工序和步骤细节。在这一点上克洛克是相当严格的，如果哪个店一次达不到要求就提出严重警告；警告后短期还没有改变，那就果断地吊销他们的经营许可证。

有一次，克洛克正在店里监督厨师们干活，他的一个朋友汉斯恰好来拜访他。汉斯就问克洛克："嗨，你好啊，雷，我们家所有成员可都是麦当劳的常客啊！他们都说你们的汉堡包为什么口味如此与众不同呢？你告诉我，这里面到底有什么特别的东西呀？"

克洛克笑着回答汉斯："汉斯，你这么说我非常高兴！让我告诉你，这是因为我们的汉堡包都有绝对严格的规定啊！人们吃到嘴里的每一个麦当劳的汉堡包，都是严格按照统一的规定来制作的，别的店，有法跟我们比吗？"

汉斯惊奇地问："规定？那么，雷，你能向我透露一下都是什么样的规定吗？"

克洛克拉着汉斯参观他们的生产线，一边介绍说："当然可以了，汉斯。你看，比如我们的汉堡包的肉饼吧，这当然是汉堡包味道最关键的部分了。"

汉斯点点头，示意克洛克继续说下去。

克洛克说："在我们的肉饼里，你就吃不到那种碎骨之类的硬核，也绝对不会选那些不应该用来做肉饼的肉。这可都是用的最新鲜的小牛肉做的，而且，我们把脂肪含量严格控制在19%以下。"

汉斯"噢"了一声。

克洛克示意汉斯听他继续说:"还有,我们绝对不使用那些添加剂,这些肉饼必须由83%的肩肉与17%的上等五花肉混制,这都是经过十分精确的配比的。"

汉斯听到这一连串的数字,惊讶地张大嘴巴:"哇!原来能做得如此细致啊!"

克洛克又把汉斯拉到炸薯条的厨师跟前:"还有呢,汉斯,你们吃到的薯条肯定都是刚刚出炉的热乎乎的!你看,厨师们制作出一块汉堡、一盒炸薯条和一杯饮料只需要50秒钟。如果炸好的薯条7分钟还没有卖出去,或者烤好的汉堡过了10分钟,那我们就会把它们扔掉。这样就保证了顾客吃到的永远是最新鲜的麦当劳食品!"

汉斯就像听神话故事一样。他突然又追问:"那么,雷,如果一时没有那么多的顾客的话,这些汉堡和薯条做出来又扔掉,不是很大的浪费吗?"

克洛克微笑着点点头:"你这个问题问得好,汉斯。不过我早就想到这一点了。我们在厨房里设了专门的生产控制员,他们会根据店里顾客的多少,来报给厨师们生产的数量,厨师们依此来煎肉饼、炸薯条,这样一来……"

汉斯明白了:"这样,顾客就能吃到刚刚做好的食品,而又不会有太大的浪费了。真服了你的,雷。一个小小的汉堡包,里面竟然凝聚着这么多的聪明才智。"

克洛克得意地笑了。

在麦当劳柜台员工的训练课程中,规定有服务顾客的"十诫",例如:"顾客来我们店里是我们的光荣;我们服务顾客并不是在帮他的忙。""顾客不是争执或斗智的对象。"这些都是在借着强调顾客需要至上的观念塑造员工的态度。因此这种要求员工态度的标准化,缩小了员工的反应范围,并且使员工不会表现出不礼貌、愤怒或厌烦的情绪。

克洛克多年经营，他当然懂得服务的价值。所以他要求，麦当劳的服务必须要做到快捷迅速、热情周到，顾客就是上帝，一切以顾客的要求为准。

克洛克对经理和员工们说：

只有把顾客放在第一位，使他们始终得到满意的服务，才能留住顾客的心。现在人们的生活节奏在不断加快，而快餐的诞生，正是为了满足人们求快的心理。我们吸引顾客的诀窍之一也是快捷、方便。

把"快捷""方便"落实到经营上，克洛克说："为了让顾客迅速地吃到食品，我们一律采取'自助餐'的形式，顾客排队买餐，拿到装在纸袋里的食物后，就可以自己把食物带走了。"

当然，员工在某种程度上确实也引导了互动，他们有时会叫顾客排队等候，或者当顾客说得不够详细的时候，就会问顾客"在这里吃或是带走？""要大杯可乐吗？"等等。

克洛克强调，经理人应努力使得他们的店成为"快乐的工作场所"。员工的快乐是来自和顾客的互动。

有一位叫史蒂夫的员工有一天说："顾客们都很有意思，他们使我有快乐的一天。有时候，像是昨天，我并不是很快乐。当我工作到一半的时候，有一位先生走进来。他的声音很低沉，他的朋友和我都要他把音调提高一点。接着他说了一些话，而我也开始对他微笑。从那时开始我就感到很快乐。他们既善良又很有趣味，为他们服务真好。10 位顾客中，可能会有一位给你带来问题，但是其他 9 位顾客则会让我快乐一整天。"

另一位男性柜台员工也反映说："我喜欢和顾客接触，因为他们都是有趣的人。有些人会让你感到兴奋。所以我喜欢这份工作，它会让我快乐！"

另外，克洛克还别出心裁，在很多店里专门设置了儿童游乐园，让孩子们能边吃边游戏。游乐园里放着一些孩子们喜欢的玩具，这对早年从事小饰品推销的克洛克来说，很容易摸到孩子们的心理。

麦当劳还定期专门为孩子们举办一些生日庆祝会和打折的活动，想方设法把孩子们吸引到麦当劳来。这也是克洛克的高明之处，因为他知道，现在家庭对孩子越来越宠爱，抓住孩子的心理，也能把他们的父母吸引过来消费。

克洛克并不是要员工们让一些标准统一的规定卡死，他鼓励员工在特殊的时候可以用他们自己的方法去服务那些希望得到个别服务的顾客。

有一天，一位小女孩说："我想要一个装在大盒子里的汉堡。"

员工向小女孩的母亲说："我们通常都用小盒装汉堡的。"

但是小女孩的母亲却说："她是被这些大盒子迷住了。"

这位员工就去问经理是否可以在大盒子里装一个汉堡。

这位经理当即表示可以。于是员工在装大汉堡的盒子里装了一个小汉堡给了小女孩。

过了几天，又有一位小女孩向这位员工要一把塑胶铲子，而不要原告附在"快乐餐海滩桶"内的耙子。

经理告诉这位员工说："但是我们已经没有铲子了。"

经理虽然这样说，但却仍然试着去找一把铲子，最终找到了，让员工拿给小女孩，并告诉她："这是最后一把铲子了。"

克洛克一直是一个最讲究清洁的人，他最看不得麦当劳店里出现一丝污点。

他一直强调：

食品业最重要的就是你卖给顾客的食品是否干净。在麦当劳店，一定要给顾客一个最好的用餐环境，要保证店里店外绝对的清洁。如果顾客发现吃到嘴里的东西不清洁，那么以后谁还会到你的店里来呢?!

克洛克为了让员工们保持良好的清洁整齐的服务形象，他规定，店员们统一穿着整洁的带竖条花纹的制服，男员工每天必须把脸刮干净、头发梳整齐，并不许留长发；女员工要戴发网。每个员工都要保持口腔清洁，甚至指甲也要天天修剪。

克洛克经常到各个连锁店里做不定期巡视，检查那里的情况。后来他发现了一些问题，又提出规定："顾客一走要立即清理桌面。凡是在店里的任何一处发现了一丁点垃圾，也要马上捡起来扔进垃圾筒。"

有一次，克洛克到俄亥俄州的一个连锁店里巡视，突然在墙壁上发现了一只苍蝇，他立即喊来了这家分店的经理，狠狠地训斥了他一顿。一周过后，这位经理的代理权被吊销了。

杀一儆百，这件事发生之后，分店的老板们都知道克洛克对卫生的要求有多么严格了，所有的麦当劳快餐连锁店都不敢有一丝马虎了，都在店内清洁卫生上下了苦功夫，他们想尽一切办法保持餐厅里没有苍蝇。

在很长的时间里，克洛克都坚持汉堡 15 美分一个，薯条 10 美分一份。并把"花最少的钱，吃最好最实惠的食品"作为麦当劳的一句广告词。

对此克洛克解释说："麦当劳的价格一定要合理，要让顾客感觉在麦当劳用餐是物有所值的。"

曾经有一位连锁店的老板就价格问题向克洛克提出建议，他说："克洛克先生，我们的口味比别人的要好很多，量也不少，但是价格却定得并不高。我看不如这样，汉堡里的肉饼可以做成中间带有洞的形状。然后用调味品把这个洞填满，上面再盖上泡菜，味道似乎也不错，而顾客也不会发现。这样成本就会降下来了，我们的利润也就提高了。"

克洛克听了，对他微微一笑说："嗯，你的想法确实是出于对公司的好意，这个办法也很有创意，并且似乎还有些艺术风格；但是，不要忘了我们麦当劳的宗旨，我们的目的是让顾客能在麦当劳吃饱，而不是只想着从他们身上榨取利润。爱动脑筋是好事，但我们是餐馆，是吃饭的地方，不要光想着一点眼前的利益。我们始终都要把顾客的利益放在第一位，这样我们才能有长远的发展！"

"QSCV"从一开始就被克洛克反复强调给了麦当劳的员工，而且他走到每一个场合都不忘记时时灌输这4个字母所代表的思想和精神。在克洛克的带动下，麦当劳的每一个员工都把这4个字母牢牢地记在了心中。

克洛克明白，速食业在本质上是一种高度非集中化的事业，各个速食店不但在地理上分散得很广，同时麦当劳大约75%的销路都掌握在各个加盟店手中，而非由公司所掌握。所以克洛克说明了他处理因结合标准化和非集中化所产生的问题：

当然，我们的目标在于以制度的优劣，而非以某个分店或员工的好坏来克服反复的工作。这需要长期的员工教育和辅助计划，并不断地审核员工的成绩。另外，我们也需要一份投入全部心力的研究和发展计划。

我很清楚统一的关键在于我们是否有能力提供员工乐于接受的烹调技术。因为员工胜于方法，他们终将为自己想出一些办法来。

所以，无论顾客走进哪一家麦当劳的连锁店，都会感受到一种"如沐春风"般的惬意，不仅是能吃得饱，还能成为一种工作生活之余的舒适享受。

1961年年底，克洛克已经完成了麦当劳创新服务方式的观念的灌输工作，"QSCV"的经营准则在全国各连锁店都得到了很好的体现。

就在此时，乔妮终于打电话告诉克洛克："雷，我已作出了决定。我女儿和我母亲都强烈反对我离婚，而我也不能与她们决裂，因此，我……不能离婚……对不起！"

克洛克放下电话，独自坐在那里有好几个小时，任凭电话铃响，呆呆地看着天色变暗，街灯变亮。

后来，克洛克听到阿特从外面的办公室里叫他。阿特站在门口，用疑惑的眼光看着克洛克。

克洛克疲惫地对阿特说："把你的箱子整理好，阿特，我们要去加州！"

创办大学培训员工

1961 年，自从那次"苍蝇"事件之后，克洛克就开始思考一个问题："如何才能让各个分店的经营者的素质都能达到'质量、服务、清洁和价值'的统一标准呢?"

克洛克把目光在各个经营者名单中搜寻，最后，他定定地盯住了一个名字：路易吉·萨万尼奇。

克洛克脑中立刻闪现出一个消瘦、严肃的青年人。

刚刚接触的时候，路易吉·萨万尼奇走进来，紧挨着克洛克的桌子坐了下来。他说："我叫路易吉·萨万尼奇。已经很长时间没有住在美国。琼·马蒂诺为我从意大利移民美国作了担保，并为我在伊利诺伊州格伦埃伦的麦当劳店里找到了一份工作。"

克洛克设法发现路易吉在公司有可能发挥的潜力，但路易吉的问题是受教育程度太高。

路易吉在梵蒂冈的罗马及拉丁语大学获得了教会法规博士学位。他把阅读古希腊文作为消遣。他来美国时曾设想在某个大学找个教书的工作。他的妻子也是个博士，已被印第安纳州的瓦尔帕莱索大学雇用了，但路易吉却惊奇地发现，美国的大学都不教拉丁文，它们不需要他的专业。所以，他就到了麦当劳，从最底层的职员干起，一直做到餐馆的经理。

路易吉在格伦埃伦的麦当劳做的第一件事，是他在业余时间自己编订了一些课程，给自己店里的员工讲授。这些课程都是有关经营方面的。教授正式的经营课，在麦当劳的系统里这还是第一次。

路易吉认为手下的职员迎接顾客的方式不对，有些人则是不够灵活，这是因为没有掌握一些科学的经营方法，于是就写了名叫"窗口人的课"，并让他的职工听他讲课。他甚至还布置家庭作业；如果他们的工作有了改进，他就给他们发奖金。

结果，路易吉店里的销售量几乎一直排在所有的麦当劳连锁店的最前面，顾客的反映也都非常好。

克洛克觉得路易吉这个创意很好，他决定找路易吉谈谈。于是他来到路易吉店里，把自己的想法告诉了路易吉，最后说："路易吉，我想认真听一下你的意见。"

路易吉首先说："克洛克先生，我们的餐馆不仅仅是要办成一个巨大的成功连锁店，我觉得，我们还应该带来一种全新的企业文化。"

克洛克一听就激动起来，鼓励说："好，说下去。"

路易吉受到赞扬，脸上泛起一丝红晕，他接着说："麦当劳餐馆是一个'装在汽车轮子上的社会'的象征，在这个社会里，人们生活节奏越来越快，已经习惯于手上拿着食品，边开车边吃饭。在这样的时候常常选择的是麦当劳。可以说，麦当劳的出现和成功，代表了这个社会、这个时代的需求。"

克洛克眼睛放光，向路易吉频频点头。

路易吉继续发表他的见解："所以，一个成功的企业是一定要有自己的内在精神的。我们一定要让我们所有的经营者和员工们都明白这一点：只有形成了我们特有的风格，我们麦当劳才能真正走向全世界！"

克洛克听到这里再也坐不住了，他站起来，激动地走上前，紧紧地握住了路易吉的手说："你讲得太好了，路易吉。你明天就到总公司来吧！"

早在克洛克把弗雷德调到公司总部来时，就有过为新经营者和经理办学习班的想法。弗雷德对此也有热情，而且这些目标经常在会上讨论，但由于更紧迫的事情，它们往往又都被搁在了一边。但是，弗雷德和阿特及一个叫尼克·卡罗斯的现场顾问合作，已经编了一本《培训经营者手册》。

现在，克洛克决定马上启用路易吉，来给店主和经理上正式的管理经营课。

培训课程进展得很好，克洛克又开设了几门选修的课程。晚上学员们学习知识，第二天就可以用到经营实践中去验证效果了。

从餐馆的实践中表明，课程的效果非常好，学员们也都学得很认真。克洛克问到他们的学习心得时，他们都说："很好，在这里确实学到了很多新的东西，也更加深深地体会到了麦当劳的精神实质。"

克洛克更高兴了，他于是决定："这样的培训还要继续下去，要把培训工作变成一种常态。我决定建立一所汉堡包大学，让大家通过快餐这个行业学到高深的学问！"

早在克洛克计划在发展迅速的芝加哥西北部的埃尔克格罗夫村建一个公司所属的餐馆时，他就坚持它要有一个完全的地下室，而不是半地下室。现在，这间狭小的、没有窗户的地下室成为讲课用的第一个教室。这家"地下大学"的第一届毕业生只有 3 个人。

克洛克要求："每一个麦当劳的经营者必须要在汉堡包大学进行过专门的学习和训练，掌握了制作麦当劳食品的工艺和步骤，并获得'汉堡包大学'的学士学位，才可以去开麦当劳的连锁店。"

而对于那些店里的职工，克洛克也有规定："新招的职工必须进行 10 天的训练后才能担任店员。在这 10 天里，有专门的老师为他们上课。"

几乎所有的麦当劳新员工一进公司就被派到店铺现场锻炼，在那里穿着与正式员工一样的制服，干着与员工一样的工作。刚进店铺的员工，其最初职位为经理受训生，在对开店和打烊业务、员工的录用、现场操作指挥等业务进行系统学习的同时，还必须学习店铺的经营管理技术。

员工在店铺实习工作的最高责任者是店铺的店长，员工每完成一项训练，店长就会在训练进展表的该项栏目中盖上确认印。

在店铺的日常工作中，店长会给员工创造各种锻炼机会，但是一旦发现问题又会及时进行指导，店长会在营业清闲期通过自己的作业示范纠正员工的操作错误，也会不断地抽时间与员工谈心，来消除员工的疑问和不安，并给予各种建议。

比如在营业高峰期，店长发现员工在指挥生产时因为太紧张，态度有点急躁，就寻机告诉他在指挥生产时，尤其是在店铺营业高峰期，如果站在前头的指挥者不能保持冷静，其情绪会立即影响到各位员工，从而降低整个店铺的服务质量。

又比如当店长发现员工在休息时间只顾一味地复习训练教材，不太注意与店铺员工交流时，就告诉他掌握理论知识固然重要，但是尽量接触店铺员工还是非常必要的，因为这些员工都非常热爱麦当劳，而且还有一部分员工其实比他们更熟悉店铺的工作内容等。

后来，在伊利诺伊州奥克布鲁克一块景色秀丽的 80 英亩的土地上，建成了麦当劳的主要管理训练场所：汉堡包大学。

克洛克在汉堡包大学的开学典礼上讲话说："无论你们过去的学历和教育背景是什么样的，在麦当劳，我们只承认汉堡包大学培养出的汉堡包学士，其他学历我们都不予承认。"

这是世界上第一个，也是独一无二的汉堡包大学，第一批的 18 个学员经过了严格的考试，克洛克向他们颁发了"汉堡包大学"的学士学位和选修炸薯条的结业证书。

至 1963 年，汉堡包大学已完全成了公司的一部分，把经过培训后合格的经营者和经理送到餐馆，在那里，他们传播着"质量、服务、清洁和价值"的准则。

这时，班级里的学员平均为 25 人至 30 人，每年举办 8 次至 10 次为期两周的学习班。汉堡包大学也帮助测试由他们在伊利诺伊州爱迪生的研究及发展实验室开发的各种新设备，并让学员们完成对这些设备的使用方法的培训。

而在这一年，克洛克已度过了因租用和购置地产而造成的财政困难时期，而且这些地产也开始为他带来不小的收益。也就是在这个时候，克洛克要建立和经营自己餐馆的计划进入第三个年头，并开始高速发展。

1968 年，现代化的汉堡包大学的白色大楼拔地而起，成了培养麦当劳公司经理人员的摇篮。

这时的汉堡包大学，课程包括两周的基础职工课程和 11 天的高级职工课程。早上 8 时 30 分开始上课，每周上课 6 天。当天课程结束后，往往还有许多学生逗留在开放的办公室里向教授请教，或聚集在实验室里操作机器。

学生们的主要教材，是一本厚达 360 页的操作手册。诸如从哪里购买麦当劳计时器到如何安装双层架子等，都可以从书中找到。全书分食品、设备和管理技巧三部分，其内容是根据麦当劳分店的实际运作情况编写的。

在课程中，对各种菜谱上的主要食品都有详细的解说。授课的主题广泛而富有变化。例如，学生要从这些课程中认识"黄油的 5 个敌人"以及预防黄油变坏的办法，学习"基本冷冻知识""冷冻食品注意事项""管理决策""竞争""建筑维护"和"现金管理"等。

学生们还要研究"令人忧虑的年轻人"，并学习防止这些年轻人滋事的办法。精确地按标准办事，是强调的重点，因为麦当劳分店中的每种产品都有一定的重量标准，学生们不能违反这些标准。

课程中的实用部分是让学生熟悉多种饮料系统、电脑控制的炸土豆条系统以及烤架、烤炉等设备，同时也举办有关加热器、通风设备、冷气以及净水器问题的研讨会。

汉堡包大学甚至还有一个实验室，这就是离学校 1000 米远的一家麦当劳分店,学生们可以在那里进行各种实习。在学校里,学生们每天都要接受各种测验。其内容包括如何对设备进行消毒、如何分析食品成分、如何掌握烹调时间等手册上要求掌握的事项。

高级课程包括房地产、法律、再投资、财务分析以及市场等问题的研讨会。此外,客座讲师偶尔也对学生发表关于劳工关系、保险、顾客研究和店面改良等问题的演讲。

一旦进了汉堡包大学,就成了麦当劳所谓"颇为杰出和不凡的一群"。

没有读过大学的克洛克却办起了一所专业的大学,这不能不说是他的另一个创举。

麦当劳研发实验室

　　1961年的一天，在伊利诺伊州的格伦埃伦经营麦当劳餐馆的经理汉·马蒂诺到克洛克的办公室里找他。

　　汉斯是琼的丈夫，是个工程师。他一直与克洛克保持着很亲密的关系，而且他也有丰富的店内工作经验。

　　汉斯一进门，就发现了坐在椅子上愁眉不展的克洛克。汉斯就问："雷，有什么问题吗？"

　　克洛克眉头紧锁地回答说："我刚刚接到一份顾客的投诉。其实最近我已经接到好几份这样的投诉了，顾客说我们有几家连锁店的汉堡包肉饼分量显得很不均匀，有时大一些，有时又很小。而且薯条有时也感觉过硬了一些，可能是在油里炸的时间长了一点。"

　　汉斯说："这确实是个问题。"克洛克沉痛地说："我们有没有办法来保证所有店里的汉堡包和薯条都让顾客挑不毛病来呢？"

　　汉斯沉思了一会，然后对克洛克说："事实上，雷，我今天来找你也正是想说这方面的事。如果想在激烈的竞争中立于不败之地，我们必须得拿出最好的、不断改进和创新的东西。这些我们要走在别人的前头。"

　　克洛克眼睛一亮，不由紧盯着汉斯，急切地催促："是吗？那你说下去，汉斯。"

　　汉斯接着说："是的。我认为，我们有必要仔细研究一下这个问题。单单凭厨师个人的感觉来做汉堡包和薯条，那肯定会有误差。虽然依照我们的眼睛观察和钟表计算，也可以大概掌握，但是有一点，土豆和牛肉可能会因产地的不同而质量也不一样，我们无法让全国的小牛和土豆都按一个标准来生长吧？所以我说这种老办法应该改变一下了。"

克洛克追问："怎么改变？"汉斯镇定回答："用比较先进的机械设备和电子辅助设备，以提高食品生产线的速度，并使我们的产品更加统一化。"克洛克说："你的意思是……"

汉斯接着说："我的意思是，雷，我想建立一个实验室，专门来研究这些问题。"

克洛克想了一下说："嗯，汉斯，你说得很有道理。我们就这么办吧！"于是，以汉斯为首创建了一个麦当劳研究发展实验室。

汉斯的第一个项目是开发一种计算机，以掌握好泡薯条的时间。麦当劳在泡薯条方面有一个诀窍，它要求在薯条的颜色变到一定程度而且水泡变成一定形状时，就要把薯条取出来。但是，每个在漂洗罐旁工作的人对适当的颜色等概念都有自己的解释。

汉斯的计算机解决了所有的猜测性工作，人们可以根据不同的土豆调整油炸的时间，使薯条的含水量正合适。机器可以根据测试发出鸣响，厨师只要一听见，就知道薯条到火候了。

当把这种机器配备到每一个店里的时候，克洛克看到，所有店里的薯条的味道和火候几乎完全一样了。他不由赞叹："汉斯真是个天才，他发明的这玩意儿真不错！"

汉斯还设计了一种分配器，能准确地把一定量的西红柿酱和芥末挤在标准的汉堡包肉饼上，保证一点不差。

麦当劳坚持做肉饼的牛肉中的脂肪含量不得高于19%，但这一标准在执行中难度较大，就不得不拿大量的样品到一些实验室去做检测。随着汉斯脂肪开发出分析仪后，这种状况得到了改变。

这种分析仪很简单，但很准确，经营者可以用它在店里自己对肉做检测。如果牛肉的脂肪含量超过19%，他就拒绝接受运来的全部牛肉。对一个供货商来说，这种事发生几次后，他就会得到一个信息，并改进质量管理。

所有这些进步都得到了回报。每一次新发明的出现，都让麦当劳朝着科学化、规范化的道路迈出一大步。

当然，炸薯条的质量是麦当劳成功的重要原因之一。克洛克肯定不希望有不符合标准的土豆来损害麦当劳的生意。所以，实验室工程最浩大的，还是在薯条方面。

汉斯带领着工作人员，咨询了好多领域的专家，费了近 10 年的时间，花了 300 万美元，改良了薯条的制作方法。

在当时的饮食行业，耗费如此大的人力、物力、财力，也是前所未有的。好多人为此都这样评论克洛克："他一定是疯了，把这么多的钱拿去搞这种试验，他脑子一定是进水了。"

公司的好多员工也说："我们的董事长太任性了，现在我们已经发展得相当好了，每年都有几十家乃至上百家新的连锁店加盟进来，为什么非要拿出这样一笔巨资来研究什么新的薯条制作方法呢？"

克洛克当然听到了这些议论，但他始终没有改变自己的初衷，并且对新薯条的开发痴迷得近于狂热。

最后，他们终于发明了一种全新的薯条制作工艺。人们放在嘴里一嚼，马上就惊呼道："上帝啊，这还是薯条吗？味道简直比那些炸鸡和火腿更美妙啊！"

人们吃着美味的薯条，急于向克洛克探寻这种新薯条是怎么炸出来的。克洛克笑着对询问他的人说："想炸出美味的薯条，秘诀只有一个：多付出心血！我们一直在进行工艺的不断更新改良，所以才有了麦当劳无可匹敌的薯条。"

的确如此，麦当劳的薯条被全世界的顾客公认为正宗，这令克洛克感到深深的自豪，他说："跟我们竞争的人完全可以卖和我们一样的汉堡包，但是，你不可能在任何地方买到和麦当劳一样的薯条。当你尝到它的时候，就知道我们在这里面倾注了多少心血！"

根据市场开创新产品

1963 年，麦当劳公司发展史上创造了一个新的辉煌，全国各地建了 110 个店，达到了 4000 家，年销售额超过 1000 亿美元，净收入为 210 万美元。

麦当劳的发展是如此迅速，几乎到了每天就会有一个地方新开张一家的地步。但克洛克有着超强的记忆力，居然能说出这 4000 家店主的名字。

尽管如此，克洛克却一直没有放松对这些店的监督。因而店主和经理们对克洛克是又敬又怕，既喜欢这个精力充沛的老掌门人，又怕被他的严苛的眼光挑到毛病。

1963 年，克洛克与简·多宾斯·格林结婚后，从公寓房搬到了伍德兰希尔斯的一个住宅房里。他忙着购置家具，安装各种很方便使用的东西，以便生活得合适些。克洛克选中这座房子的另一个原因是，它坐落在一个小山上，向下可以俯瞰主要大道上的麦当劳餐馆。从起居室的窗户里，克洛克拿着望远镜就可以看到店里的情况。

当克洛克把这些告诉了这个店的经理时，那个经理简直头发都要竖起来了，但是，他却更加嘱咐员工勤勤恳恳地工作。

不过，他们一直都把克洛克当作自己的依靠，遇到什么难题都找他帮助解决。而克洛克也永远都会热情给予他们帮助。克洛克还鼓励爱动脑筋的人，所以有人产生了什么新的想法，也爱讲给克洛克听。

这不，辛辛拉提的汉斯·格罗恩在绝望中就想出了一个新主意，找克洛克说了。

格罗恩在辛辛拉提的主要竞争者是"大男孩"连锁餐馆。它们在市场上占统治地位。然而，格罗恩却只有设法在除星期五以外的每一天都能与那些连锁餐馆一比高低。

原来，辛辛拉提的很多人信天主教，而"大男孩"餐馆有一种用鱼做的三明治。如果在教堂规定不许吃肉的星期五那天把这两者放在一起来分析，麦当劳的生意就不得不从中减去一大块。

当格罗恩把使用鱼的想法告诉克洛克时，克洛克的第一个反应就是："喂，不行！我并不在乎教皇自己是否亲自到辛辛拉提。他可以像其他人一样吃汉堡包。我们不打算用你的那个倒霉的鱼来把餐馆的名声搞臭。"

但是，格罗恩又去做弗雷德和尼克的工作，并表示："无论我怎么做广告和宣传都无济于事，'大男孩'因为有了鱼，生意就是要好于麦当劳，这是不争的事实。要么让我去卖鱼，要么就卖掉餐馆。我只有这两种选择。"

弗雷德也为此做了许多研究，然后搞了一次演示，从而使克洛克接受了这种想法，他对格罗恩说："好吧，我们一贯对于连锁店的合伙人的态度都是互利互惠的，你既然遇到了这样的困难，那我们也不能袖手旁观，就让我们试试吧！我会派人先去考察一下你那里的情况，你放心，公司决不会丢下你不管的。你的建议我一定会仔细考虑。"

当时在公司任食品技术员的阿尔·伯纳丁与汉斯一起去考察了"大男孩"的鱼肉三明治，然后回来向克洛克汇报。

克洛克一看到风尘仆仆赶回来的汉斯就问："怎么样，汉斯。"

汉斯一边坐下来喘口气，一边松着衣服领扣说："雷，我看格罗恩的这个主意不错，我们可以试一试。"

克洛克立刻说："那我们现在就开始吧！"说着他自己先跑进了实验室。

汉斯又与几个科研人员研究了是采用大比目鱼还是鳕鱼的问题。

最后，他们决定采用鳕鱼。克洛克同意了。

通过调查发现，买卖这种北大西洋的白色的鱼是完全合法的，而用鱼做三明治是有很多种方法的：烧多长时间，用什么样的面包，应该有多厚，用什么样的调味酱，等等。

有一天，克洛克在搞试验的厨房里，阿尔对他说："汉斯·格罗恩店里的一个雇员曾吃过一个带有奶酪的夹鱼三明治。"

"当然！"克洛克高兴地说，"这正是这种三明治所需要的一片奶酪。不，用半片奶酪。"

于是，他们试做了一个，它非常好吃。这样，奶酪就顺理成章地进入了麦当劳，称作"麦香鱼"。

麦香鱼一研制成功，克洛克就立刻亲自开车赶到了格罗恩那里。格罗恩一见到克洛克那开心的样子，就知道成功了！

麦当劳开始只在星期五时在辛辛拉提等有限的地区出售这种三明治，但是很快克洛克就收到来自许多店的要求，因此 1965 年后，所有的麦当劳店都出售这种三明治了。顾客们对麦当劳菜单上出现的新鲜东西都赞不绝口，销量也随之增加了一倍。

格罗恩私下里对妻子说："像克洛克先生这样的人实在是太少了，他对我们是如此无私公正。你遇到困难，他永远会雪中送炭，而对企业也是尽心尽力，这就是麦当劳成功的原因！"

通过这件事，克洛克也受到了很大的启发："看来，麦当劳的菜单也不能一成不变，要随着不同的情况有些变化才行！"

于是，克洛克又经常光顾汉斯的实验室，与他商量怎么研究出更多的方便快捷又美味可口的新食品。

许多人对克洛克试验新菜单进行了诋毁，他们说："克洛克的这种爱好是一种愚蠢的任性。这种爱好产生于他还没有摆脱推销员就爱卖新东西的愿望。"

但在克洛克看来，这就是正在运作的完美的资本主义典型。

有一次克洛克正在汉斯身边，琼给汉斯打来电话，说晚上回家吃饭的事。汉斯顺口说："就在我们麦当劳吃汉堡不是很好吗？"但琼却答道："你以为所有人都喜欢吃牛肉吗？我喜欢吃炸鸡和火腿！"

克洛克听到这里突然眼睛一亮："对呀，汉斯，不只是琼，我相信还有好些人不喜欢吃牛肉呢！那我们就从琼说的鸡肉和火腿开始吧！"

于是，麦香鸡和麦辣鸡翅又诞生了，这一下吸引了那些像琼一样不喜欢吃牛肉的人。不久以后，火腿三明治、鸡腿汉堡、巨无霸、麦香蛋……也都一一被麦当劳奉献到顾客面前。

另外还增加了奶昔的不少新品种。其中在康涅狄格州恩菲尔德的经营者哈罗德·罗森发明了圣帕特克节的特供饮料——白花醉浆草奶昔。他对克洛克说："这会使一个名字像罗森的人想起一种爱尔兰饮料。"

麦当劳现在变成了一个食品万花筒，大大吊足了人们的胃口，他们都在期待着麦当劳能生产出什么新的美味来。

市场的需求在不断变化，世界也在变化中向前行进。克洛克一直在思索："麦当劳也要与时俱进，要根据市场的变换来提供新的产品供给顾客。现在，我们还缺少一种什么味道呢？"

最后克洛克想到了："甜食！"

在潜意识中，克洛克早就觉得在食谱上应有甜点。但问题在于什么样的甜点才适合麦当劳的生产系统，而且能为广大顾客所接受。

克洛克首先想到用草莓做饼，但它的销路只好了很短一段时间，然后就卖不动了。克洛克也曾对油蛋糕寄予很高的希望，但它却没有魅力。这需要一种在做广告时能被渲染的东西。

克洛克为此又派出很多工作人员，对大众的口味进行普遍的调查，他们印发了大量的调查问卷，列出好多选择让顾客来回答。

最后根据调查的结果，他们进行了新食品的开发和试验，就产生了热苹果派和热草莓派。热苹果派以及后来的热草莓派都有特殊的质量，都是用手指夹着吃的上等食品，都使麦当劳变得更加完美。

看来人们很喜欢这种自己选出的食品，尤其是小孩子们，几乎每个爱吃甜食的小孩子来到麦当劳，都要点上一份热乎乎的、甜甜的、酸酸的热水果派。

这些派大大增加了麦当劳的销售额和收入，也创造了一个为麦当劳的餐馆生产和提供带馅的冷冻饼工业。

在有一年的圣诞节期间，克洛克恰好在圣巴巴拉参观。他接到那里的经营者赫布·彼得森打来的电话，说要让克洛克看一样东西。他没有给出这个东西的任何线索。

赫布向克洛克说出一个奇怪的想法——一种早餐三明治。它是用一个摊成圆形的鸡蛋、一片奶酪和一块加拿大咸肉做成的。这些东西都放在一块烤过后又涂了黄油的英式松饼上。

克洛克对这个演示感到有点惊奇，但后来品尝了一下就被征服了。"哦！我要立即在所有的餐馆里出售这种三明治。"

弗雷德的妻子帕蒂给它起了个名字——麦香蛋。这种三明治很快就火起来。麦香蛋的出现为麦当劳的生意打开了一个全新的领域——早餐生意。

克洛克并没有就此满足，他的桌子上始终放着一份麦当劳的菜单，他就像进入战斗状态的第六舰队一样密切跟踪这一领域的情况。

麦当劳的研究与发展部门的专家、市场和广告专家、经营和供货专家联合起来，共同为发展这种早餐业务制订计划的情形，确实是令人激动的。

后来，克洛克推广一种全套早餐，就要提供薄饼。但这样做又会让顾客花时间来等待做饼，因此这就迫使他们想出一种在顾客不多时"根据顾客需要"再做饼的办法。他们的食品生产线能迅速有效地生产汉堡包和土豆条，现在需要重新组合，以便为早餐生意提供产品。

　　然后，所有的计划制订后，所有的供货和生产问题解决后，还有一个经营者要考虑他的餐馆是否做这种早餐生意的问题。当然，这意味着他要延长营业时间，也许还要增加雇员，给他们额外的培训。

　　结果，这个早餐计划就以一种非常温和的速度在发展。但克洛克能够看到它正在全国各地发展，能够想象出许多店都会延长营业时间，比如是在星期天。

　　克洛克不断地在试验增加新产品，在有些店里试验的食品，也许不久就会被普遍地采用；同时，由于各种原因，有些产品将被淘汰。在克洛克的农场里有一套供试验产品用的厨房和实验室，他们所有的产品都在那里试验过。

　　克洛克说："我们希望能根据市场的需求变得灵活些，并能做出相应的变化。这是我们能够做到的，它可以维持我们的特性。有人因为竞争可以设法偷走我的计划，抄袭我的风格，但他们永远也没有办法知道我在想什么！所以我会把他们远远地甩在 2500 米以外的地方。"

　　1963 年，麦当劳历史上还有一件有趣的事物产生，但它并非食品，却家喻户晓，也许只有圣诞老人能与之相比，那就是小丑"麦当劳叔叔"。

　　哥德斯坦是 1957 年加盟麦当劳的。1960 年，美国广播公司开播了一个全国性的儿童节目——波索马戏团。哥德斯坦觉得很有趣，他看准时机，独家赞助了马戏团，并叫波索的扮演者为麦当劳做广告。波索当时扮演了一个貌似小丑的人物，顶着一头火红的爆炸头，笑口常开，身着鲜黄色的连身工作服及红色的大短靴，里衫及袜子皆为红白相间的条纹式样。

　　波索这个滑稽的小丑殷勤地向孩子们喊道："别忘了叫爸爸妈妈带你们去麦当劳哟！"孩子们在嬉笑声中牢记波索小丑的话，于是光顾麦当劳的人越来越多，营业额直线上升。

然而好景不长，1963 年，波索马戏团节目停办，麦当劳的经营日渐惨淡。哥德斯坦深知父母热爱自己的孩子，哪怕是小小的要求，做父母的都会认为合情合理。

鉴于波索小丑在孩子心中留下的深刻印象，哥德斯坦决心创造一个忠实地站在孩子们一边的"麦当劳叔叔"，成为孩子们的大朋友。当"麦当劳叔叔"的塑像展示在店堂前时，还真的吸引了很多顾客，有不少是孩子。从此，哥德斯坦的麦当劳店生意又日渐红火起来。

后来，克洛克知道了这个创意，给予哥德斯坦非常的肯定，并决定在所有连锁店创立"麦当劳叔叔"形象。

"麦当劳叔叔"头上顶着一只装有汉堡包、麦乳精和土豆条的托盘，鼻子上装有一对麦当劳杯子，脚上的鞋子像两块大面包，其形象相当商业化。这个小丑般的形象，给顾客留下可亲可爱的感觉，特别受到孩子们的欢迎。"麦当劳叔叔"成了全美电视广告上为麦当劳宣传的代言人。

另外，麦当劳的现场顾问有一天向克洛克提出了一个新建议。

前几天，尼克站在一个相当洁净的麦当劳餐馆前的角落里，这个餐馆却门可罗雀。他把一只脚放在灭火塞上，望着坐在奇形怪状的汽车里的人和牵着有美丽丝带的狗的行人从洛杉矶的大街上川流而过。

在经过仔细观察之后，尼克找到克洛克说："雷，我们无法把人们吸引到餐馆来的原因是，这些金色的拱门与周围的景色颜色十分相近，已经融为一体了。人们甚至看不见它们。我们要想点别的办法来吸引人们的注意力。"克洛克听了，非常高兴，他马上表示："你说得不错，尼克。现在我最关心的是，你什么时候能找到解决的办法？"

不久以后，尼克就提出了好几条改进的建议，这个问题也顺利解决了。

锯掉经理椅子靠背

1963 年之后，麦当劳就像一艘开足马力的战舰，乘风破浪扬帆远航。

但是，克洛克不喜欢整天坐在办公室里，而是把大部分工作时间用在"走动管理上"，就是到各公司、部门走访，了解各方情况。他一直告诫公司管理人员："深水行船的时候，总是难免有激流，也会遇到险滩。"

1965 年的一天，克洛克看着会计送过来的季度报表，眉头锁了起来：上个季度的财务账单上居然出现了亏损！

克洛克立即感到了巨大的危机感：这是怎么回事，肯定是哪里出现了问题。

克洛克立即把公司的各个职能部门的经理召集起来，想彻底查清亏损的原因，并商量对策。

在开会的过程中，克洛克惊讶地发现，好多经理对于自己所负责的市场情况根本不了解，克洛克问他们具体情况时，他们支支吾吾；对一些具体进货、销售数字也是一问三不知，两眼迷惘、张口结舌。这简直把克洛克气疯了！

更可气的是，好多人都不相信存在亏损的问题："这怎么可能呢，一定是会计算错了吧！我们这些年已经形成了庞大的连锁王国，经营状况一直良好，怎么会亏损?！"

克洛克的脸色越来越难看，他意识到：看来他们已经有好长时间没有深入到市场中去了。人都是有惰性的，尤其是在安逸舒适的环境下，肯定会更沉迷其中。比如说，如果有炎炎烈日或凉凉空调，肯定大多数人会选择后者。整天待在办公室，不到外界走动，世界发生了天翻地覆的变化都不知道，如何把企业经营好？

这几年来，麦当劳一直是顺风顺水，这使得好多的经理都开始丢掉了最初艰苦勤恳、兢兢业业的劲头，他们也放松了对连锁店里员工的培训，放松了对顾客反馈意见的重视，放松了提高服务质量来吸引顾客；有的上班时间竟然不在办公室里，跑到外面去闲逛。

克洛克想到这里，下定决心：如果人们把安全和维持现状看得比机会、首创精神和士气更为重要，那就很容易产生萎缩和腐朽。没有危机才是最大的危机。贪图舒适的工作环境，肯定不会有好的工作效率。这样下去，麦当劳就完了，必须纠正这种现状！

克洛克一边生气一边苦苦思索："如何改变这种情况呢？"

第二天，克洛克又习惯于遇到问题来回踱步，他还没有想出很好的办法来。走来走去，他的目光落在了自己的椅子上：宽阔柔软的垫子，厚厚的靠背，自己平时累了就坐在上面歇息一会，舒服得就像沙发一样。

克洛克自言自语道："公司各职能部门的经理都习惯待在他们布置得舒适华丽的办公室里，躺在舒适的椅背上指手画脚，把宝贵时间耗费在抽烟和闲聊上。偶尔听听汇报上来的情况，也是听过即算；或者根本好长时间都不到下面的连锁店去调查情况，下面不汇报时也从不过问。作为领导者，这样肯定会滋长下面员工的惰性！"

于是，克洛克想出一个"奇招"，他大喊一声："来人！"

外间秘书跑进一问："什么事，克洛克先生？"

克洛克吩咐："去，给我拿把锯子来，快点！"

秘书赶紧跑出去找锯子，并很快给他拿来了，说："需要我帮忙吗？"

克洛克接过锯子，"不用。我自己来！"说着，他伏下头去，把自己那张椅子上厚厚的靠背锯了下来。

秘书惊得目瞪口呆，连忙说："克洛克先生，你这是……"

克洛克并不答话，他走出自己的办公室，就直奔离他最近的一个部门经理的办公室。

推开门，克洛克就听了优美舒缓的音乐声。他再一看，那位经理正坐在椅子里，背靠着靠垫，舒服地眯着眼睛欣赏音乐，一边摇头晃脑地陶醉着，一边用手在办公桌上随着音乐的节拍"笃笃"地敲着。

克洛克走到那位经理跟前了，大喝一声："站起来！"

那位经理被这一声怒喝吓得一激灵，睁开眼看到面色铁青、手持利锯的克洛克，更是吓得不知所措："您，克洛克先生，我正……所以不知道您进来……您想……"

克洛克也不答话，他抓过那把椅子，"哼哧、哼哧"地锯起椅子背来。

那位经理以为克洛克被昨天的会气得发疯了，骇然道："克洛克先生，您怎么了？要不要我找医生来？"

克洛克一直不搭理他，直至把椅子靠背锯掉，这才拎在手中往外走。走到门口，他又回过头来对呆若木鸡的经理说："别把这椅子换掉，你以后就坐着它办公！而且，从现在开始，公司里所有员工的椅子都会变成这样！"

那位经理脑袋都大了，他瞪着惊恐的眼睛看着一手拿锯、一手拎着椅背的克洛克扬长而去。

克洛克回到办公室，把锯子放到桌子上，坐在自己那张没有了靠背的椅子上试了试，然后向秘书下达命令："你去通知所有部门：从现在开始，公司所有员工的椅子靠背都必须锯掉，而且必须立即执行。我从明天开始检查！"

接到这个通知之后，很多人都不知克洛克葫芦里卖的什么药。有人甚至在背后悄悄议论："董事长是不是脑子有毛病了？或者是昨天开会气糊涂了？""是啊，而且他年纪也这么大了。""听说他从年轻时就时时犯一些神经质呢！"

克洛克第二天果然认真检查起大家的椅子来。发现所有的椅子背都按照他这个"疯狂"的命令被锯掉了，他很满意，然后召集所有的部门经理再次开会。

摸不着头脑的经理们都聚集到一起了。克洛克面对大家，严肃地说："我锯掉了大家的椅子靠背，大家可能都无法理解，甚至有人认为我老糊涂了。但是你们看看，我好好地在这儿跟大家说话，没有一点发疯的迹象吧？我想说的是，我没有头脑发热。我看，倒是你们当中有一大部分人已经早就昏了头，完全忘记了我们麦当劳最初创业的艰辛。"

听到这里，有的人似乎有些理解克洛克的举动了，他们的眼光变得庄重、肃穆起来。

克洛克向大家看了一眼，停顿了一下又继续说："大家不要怪我话说得重了。我多年来一直强调，麦当劳需要具有强烈进取精神的人，全力以赴献身事业的人。确实，麦当劳这几年是取得了很大的成功，但是我要说，这还仅仅是一个开始，有了良好的开端当然值得庆幸，但是我们决不能掉以轻心。与其躺在那里耗费时光，不如多出去走动走动，深入基层，了解更多的知识与信息。在商场上，竞争是你死我活的，一不留神，一丁点儿的大意或者疏忽，就可能导致彻底的惨败。如果谁只想着躺在舒服的椅子上挣钱过安逸日子，那就请他离开麦当劳，因为他不配做一名麦当劳的员工。"

人们静静地听着，有的人看着神情激动的 63 岁的克洛克在台上痛心疾首陈诉，眼中已经闪出羞愧和痛苦的泪花。

克洛克回过身来，在身后的黑板上写下了两个公式：

企业成果＝原材料×设备×人力

人力＝能力×态度×人数

克洛克用手点指着黑板上的公式，对大家说："你们当中有好多人是学过企业管理的，上面的两个公式你们很容易就能看懂。而这两个公式说明了制约企业发展的因素。人们都承认，现在麦当劳的原材料和设备已经相当完备了，那么为什么还会出现亏损问题呢？原因当然就出现在'人力'上。"

经理们听着，深思着，默默点头。

克洛克接着说："那是什么问题呢？人还是原来那些人，我相信能力和人数不但比从前没有降低，可能还会有所提高。那是什么原因，就是大家的态度问题。"有的人低下了头。

克洛克敲敲黑板："大家抬起头来仔细看这两个公式，不难发现，为什么各因素之间用的不是加号而是乘号呢？这到底说明了什么？"

所有人都皱紧了眉头，看着克洛克。

克洛克看向弗雷德："弗雷德，你能给大家解释一下其中的原因吗？"

弗雷德站起身来，朗声答道："这就说明，公式最终的结果，是各项因素互相作用产生的，它们与结果之间是成倍增减的关系。而如果其中有一个因素变为'0'的话，整个结果也就为'0'，其他因素再多也没有用。"

克洛克大声说道："弗雷德说得对！就是因为大家的态度出了问题，才造成了我们上季度亏损的结果。希望大家都好好反思一下，如果我们不再满足于每天只是得到一些数据，而是要真正了解企业的情况，得到第一手的资料，使我们每一项因素都成为优秀的话，那么结果不就会成倍地增加吗？也就不会出现亏损的结果了！是不是？"

现在，公司所有人终于理解了克洛克的良苦用心，大家纷纷走出办公室，开展"走动管理"，及时到全国的各个连锁店了解情况，现场解决问题，终于使公司扭亏转盈。

公司上市哈里辞职

1964 年，克洛克与妻子商量后，卖掉了在伍德兰希尔斯的住房，搬到了贝弗利山庄的一所大房子。但是克洛克在那里住的时间并不很多，他定期在洛杉矶和公司总部之间来回奔波，每次在洛杉矶住两周，然后下周又到了芝加哥。

这时，克洛克不得不在公司总部发挥更加积极的作用，因为经营工作发展很快，也因为哈里已经脱离了办公室的日常事务，全力研究使公司上市的办法。

要使公司上市的原因，是为了给公司筹借资金，把利润用于再投资，以便不让公司的发展速度减慢。

于是，哈里整天与银行家、经纪人和律师密谈。克洛克则忙于设法使公司的管理结构分散。因为克洛克一贯认为，权威应尽可能地放在最底层，让最接近餐馆的人自己作出决定，而不是从公司总部寻求指示。

在这个问题上，哈里与克洛克的看法并不相同，他希望公司有较牢固的控制权，要有较高的权威。

而克洛克却说："我认为权威是和工作连在一起的。人们有可能会作出一些错误的决定，但那是你鼓励公司里有能力的人成长的唯一办法。坐在他们身上是会使他们窒息的，他们中最优秀的人就会到别处去。从我在莉莉纸杯子公司与克拉克相处的经验中，我对这一点看得很清楚。我认为，在公司的管理问题上，'少管就可以管得多'。从麦当劳的规模看，现在它是我所知道的一个最没有各种管理层次的大公司。我认为，你在任何地方也找不到这样一个比较愉快的、稳定的、工作努力的管理集体。"

哈里对克洛克的见解不置可否。

克洛克解决管理问题的办法就是把全国分成若干个地区，一共有
5 个区。克洛克决定首先成立有 14 个州的西海岸区。这因为它是一个
发展比较快的地区，也是在芝加哥管理最困难的一个区。

克洛克让斯蒂夫・巴恩斯当了第一个地区的经理。

1965 年，麦当劳股票终于上市了。

麦当劳刚上市的价格是每股 22.5 美元，而在出售股票的第一天
结束时，每股涨到了 30 美元，而且订购数超过了发行数。这是一个
巨大的成功！在第一个月结束时，价格涨到了每股 50 美元。克洛克、
哈里和琼都变得富有了，而且达到了连做梦都没有想到的富有程度。

哈里希望看到麦当劳的股票能和那些蓝筹股票一起被列在大牌子
上。纽约股票交易所有许多比较严格的规定：必须在一些地理区域内
拥有许多股民，而且必须有一定数量的 100 股以上的股民。

克洛克和哈里一致认为，纽约的交易所股票是分类上市的，麦当
劳在那里应该占有一席之地。与他们打交道的那些人都是些有贵族派
头的人，这些人也说不清楚是否想同一个只卖 15 美分汉堡包的公司
打交道，但麦当劳还是被接受了。

为了表示庆祝，哈里和他的新妻子阿洛伊斯，还有琼和阿尔，全
在纽约交易所的大厅里吃汉堡包。这个场面被报纸作了充分报道。这
不仅是因为吃汉堡包，而且也是因为阿洛伊斯和琼是最早获准在交易
所大厅里出现的妇女。

1966 年 7 月，麦当劳的销售额再次增加到 2 亿美元，在各个连锁
餐馆大拱门上的数字改为"销售量超过 20 亿个"。

接着，库珀和格林又发出一批新闻稿，向广大公众说明了这件事
的意义：

麦当劳公司已经卖出20亿个汉堡包，如果一个接一个地摆在一起，这些汉堡包可以绕地球5.4圈！

同时，麦当劳的第一个在屋里有座位的餐馆在亚拉巴马州的亨茨维尔开张了。这标志着麦当劳又前进了一大步。

克洛克得承认，是哈里的智慧和自己的果敢才使麦当劳渡过所有危机，一步一步走到了今天。但是，随着公司的发展，他们之间的矛盾却越来越突出了。

哈里性格内向，他的身体一直不好，经常背痛，还有严重的糖尿病。而克洛克的性子却很急，有什么事都是雷厉风行。他们想问题的角度也因为性格的差异大不一样。

在刚刚买下麦当劳的时候，克洛克制订了一个广告计划。哈里对克洛克说："雷，我们的公司刚刚成立，不可能拿出流动资金去干这个。"

克洛克却一意孤行，不久就拿出一大笔钱用于为麦当劳做广告。

哈里再次警告克洛克："雷，你有没有算过这笔账？我们把这么一大笔钱用于广告，到底能收到多大的效果呢？能不能收回这些付出呢？那些不喜欢吃麦当劳的人，难道看了这些广告就会回心转意跑到我们店里去吗？这简直是荒谬的！况且你不顾公司再起的财力，就武断地拿出这么多钱来让它白白地打水漂，你会后悔的！"

克洛克不同意哈里说他武断、欠缺考虑，他解释说："哈里，不管怎样都必须投入这笔钱去做广告。也许短时期内还看不出广告的效果，但是，从长远看它一定会收到功效的，我们不但能收回这些钱，而且还会多一些新朋友。如果一家有一个小朋友喜欢看我们的电视广告，那他就会拉着他的父母来我们麦当劳，那我们的顾客就会大大增加。"

哈里最终没有拗过克洛克，他们还是投入了这一大笔钱去做广告宣传。后来证明，这些广告就像麦当劳的金色拱门一样渐渐地走进了人们心中。

不过，哈里从此就感觉克洛克在许多事情上都是任性和独断的，心里渐渐地产生了隔离。后来，公司内部的领导层人员也渐渐分成了克洛克派和哈里派。这种状况因哈里和克洛克在任命公司执行副总裁的问题时而变得更加严重。

由于弗雷德的精明能干，克洛克下令由弗雷德担任执行副总裁，协助哈里工作。哈里却提出一个与之相对的条件：让皮特·克罗也当执行副总裁。这是一种令人麻木的局面。但克洛克考虑到以大局为重，他必须泰然处之。

迪克·博伊兰是负责预算和会计部门的执行副总裁；皮特·克罗是负责发展新餐馆（其中包括房地产、建筑和发放许可证部门）的领导人；弗雷德则负责零售部门的工作，其中包括经营、广告、市场发展和设备采购工作。

后来，弗雷德又从皮特那里接管了发放许可证的工作。

职员们把这种三巨头的格局称为"三驾马车"，这三个执行总裁被认为具有同等权力。然而，哈里自己掌握着财权，而除博伊兰外，这种状况实际使其他人有职无权。

后来，克洛克派和哈里派不断有新的职员加入进来，他们各自有着自己的主张，每遇到大事，往往商量不到一块去，双方谁都无法说服另一方，公司变得越来越混乱。

不过，考虑到哈里以他出众的才能，往往在关键时刻挽救了公司的危机，从某种程度上说，没有哈里也就没有麦当劳的今天，所以克洛克一直表现得很宽容。而且他从另一方面考虑，公司里人员众多，有不同意见也未尝不是一件好事，大家讨论过后，总会得出一方是正确的。

但越到后来，哈里指挥公司在向着完全不同于克洛克所希望的方向发展。从压缩人员到拆除新餐馆门前的大拱门等各个方面都存在这个问题。

克洛克已经批准把那些拱门拆掉，但哈里一看到这个计划就说："再把那些拱门竖起来！"

克洛克与哈里之间最重要的矛盾是他在房地产开发方面变得越来越保守。最后，他竟下令暂停各个新餐馆工程的建设。

这天，已经当上了麦当劳一个区域经理的路易吉找到克洛克，递给他一份报告。他说："克洛克先生，我该怎么办？我在您选定的 33 处搞了建设。它们的地点都很好，但现在哈里先生却下令暂停工程。我们不能丢了它们。我该怎么做呢？"

克洛克想了想说："路易吉，给他们讲得含糊点，拖住他们。我要到芝加哥去一趟，看能做些什么。"

第二天上午，克洛克就到了拉塞尔大道的办公室等待哈里。

哈里一走进去，克洛克就把路易吉的报告递给了哈里，并问道："哈里，我想知道为什么你下这样的命令。公司要向前发展，你却要下令停止这些建设。而且事先你并没有同我商量。"

哈里有把握地看着克洛克说："雷，你不懂，我早就听我那些银行家和政府财政部门的朋友说过。他们说，国家在 1967 年将出现经济衰退，人们口袋里没有多余的钱了，也就不会再到外面吃饭了。麦当劳现在应该保存现金，停止建新餐馆，好安全渡过这次经济危机。"

他们就此发生了激烈的辩论。

克洛克说："哈里，你这种想法，不客气地说，是鼠目寸光！那些消息都有确实的证据吗？如果仅听信这些捕风捉影的信息就停止我们的发展，那不是笑话吗？况且麦当劳现在这么受顾客的欢迎，发展势头正起劲。就算退一步说，经济危机真的到了，也不会动摇我们的根基的。"

哈里却说："那些人都是我的朋友，怎么可能对我说一些空穴来风的事？你忘了之前他们曾多次给予我们帮助，我们才能起死回生。"

克洛克摇了摇头，说："哈里，一码归一码。我们就事论事，路易吉那 33 处新店址都在繁华地段，位置选得特别好，但是那里却还没有一家好的快餐店。我们都已经仔细地考察过了，要占领这个空白点，在那里开设连锁店，投入一些钱，做一些广告宣传，就可以。"

哈里却不愿再听克洛克继续啰唆下去了，他大声打断了克洛克："别再说了！你的理论总是一套一套的，一直都是你说得对，我的话你从来都听不进去！"

克洛克吓了一跳，哈里平时不爱说话，遇到事情总是一声不吭，他还从来没见过哈里这样高声叫嚷，而且竟然这样评价自己。

可是，哈里的火还没有发完，又说："雷蒙德·克洛克，你听着，我早就受够你了！我跟着你辛辛苦苦多少年了，你想过没有？可是你呢，你一直像一个国王一样独断专行！别人的话你从来都不听，我的意见你一直都当作是些丢进废纸篓里的擦鼻涕纸！"

哈里已经近乎于咆哮了。

克洛克还想劝哈里安静一下。可他还没来得及张嘴，哈里就一把扯下了自己的领带，气愤地直冲着克洛克的脸叫道："够了！克洛克先生，现在我可以告诉你，你想怎么干就怎么干吧！我再也干涉不着你了，我不会再跟着你这样一位国王瞎闯一通了！从今天起，我——辞——职——了！"

说完，哈里不再看克洛克，头也不回地走了。

克洛克呆立了许久，脑子里一片混乱，他满心烦恼地回到加利福尼亚。

克洛克感到需要法律顾问，于是，他打电话给芝加哥索南夏因·卡林·纳思及罗森塔尔公司的唐·卢宾，让他出来和哈里谈一谈。卢宾曾为克洛克处理过个人的法律事务，他的公司在麦当劳创办初期也代理过麦当劳的一些事务。

卢宾建议克洛克还是要与哈里修好："要知道哈里与金融界的关系密切，这个关键人物的突然辞职几乎肯定会损害麦当劳的利益。"

克洛克就委托卢宾去和哈里谈，设法动员他留下来，并对卢宾说："我希望你的公司开始代理麦当劳的法律事务，而且希望你参加我们的董事会。"

最终，哈里同意继续留下来，但他在亚拉巴马州住的时间仍然比在芝加哥长。克洛克认为他只是凭想象在管理公司。两个人之间的裂痕已经变成了鸿沟。

哈里的身体状况越来越坏了。最后，克洛克为他的健康考虑，同意哈里辞职。根据雇用协议，哈里每年可以得到 10 万美元。哈里手中掌握着麦当劳的相当一部分股票，他很肯定地认为，他离开公司后把手中的股票全卖掉，公司状况就会急转直下。

克洛克自己担任着总裁兼董事长，于是撤销了暂停建新餐馆的禁令，在审查公司房地产情况时，他发现了已经买下来的供将来发展的各种地点。当克洛克得知这些地点是在等待经济状况改善时，他勃然大怒："真是无知，情况不好时正是人们要搞建筑的时候！为什么要等到情况好转，一切都花费更多呢？如果一个地点因为好而买下，那么我们就希望立即在那里建餐馆，并在出现竞争前就建好。在一个城里投入一些钱，开展一些活动，人们会记住他们的。"

克洛克还要解决公司内部的士气问题。许多纠纷随着哈里的离开而得到解决。一个高层管理人员说："好哇，我们现在又回到汉堡包业务上来了！"

1967 年，克洛克决定麦当劳进行全国性的广告宣传和推销活动，他说："我看着麦当劳发展成了全国性的机构。美国是唯一能使麦当劳做到这一点的国家。我真诚地愿与其他人一起共享我的财富。"

这个活动计划是保罗·施拉格制订的，他在芝加哥的达西广告公司工作。弗雷德在组建了可以让麦当劳在全国做电视广告的全国经营者广告基金会后，雇用保罗负责麦当劳的广告和促销部。

克洛克很喜欢保罗的办法，因为他在自己的工作领域内是一个"很细致的人"，又很关心麦当劳的形象。保罗已经通过大量的研究，创造出了"麦当劳叔叔"的外形和个性特征，甚至连衣服颜色和头发都是精心考虑过的。

孩子们都很喜欢他，甚至连《绅士》杂志的知识界人士也喜欢他。他们把"麦当劳叔叔"作为 20 世纪 60 年代的最大新闻人物请去参加他们举办的"时代晚会"。他们邀请麦当劳负责这个晚会是因为"麦当劳在 20 世纪 60 年代对美国人的饮食习惯产生了最大的影响"。

果断提拔弗雷德继任

1966 年，由于哈里的离开，也有一些优秀的"哈里派"人才随之辞职了。公司内部也有好多人对公司的前途表示担忧，一时间人心动荡。

克洛克感到了巨大的压力。他失去的不仅仅是一个生意上的伙伴，更是许多多年共同奋斗的朋友。

克洛克那一段时间身心俱疲，他感觉精力也大不如从前了。有一天，他对着镜子看着对面的自己：那已经是一个双鬓斑白的老人了！只是他那一双眼睛仍旧闪着坚毅而顽强的光芒。

克洛克自言自语说："现在，确实需要有一个更年轻、更有魄力的人来帮帮我，重新支撑起麦当劳的天空。"

想到年轻人，克洛克最看重的是弗雷德，而他最担心的人也是弗雷德。弗雷德一直对自己在"三驾马车"中的作用感到极不愉快，这从他的表情中可以看得出来。

克洛克早就对弗雷德许过愿，答应给他最高的职位。因此，在正式宣布哈里辞职的事以前，就把弗雷德请到餐厅吃晚饭。

吃饭的时候，克洛克对弗雷德说："弗雷德，我知道你近来不愉快，我知道你在工作中感到失意。但我想告诉你一些完全可靠的情况，哈里已经辞职。我将接替他的位置，准备做些修补和调整的工作。这需要一年的时间。一年后，我将让你出任麦当劳的总裁。"

克洛克希望看到弗雷德对此表示满意的表情。

但是，弗雷德却脸色阴沉，眼中充满怒气。接着他用拳头猛击桌子，上面的银器乱跳，周围的客人惊恐地看着他。

弗雷德气愤地问道："如果你知道公司内部已经存在的严峻情况，你为何不早想办法来解决它？"

克洛克就像面对着自己不太听话的孩子一样，对弗雷德说："你冷静一点，有一天你会自己想通这件事的。"

弗雷德一会儿就恢复了常态，他说："我对解决哈里的问题和对给我的当总裁的许诺同样感到高兴。"

克洛克终于松了一口气。

哈里辞职后有几个执行总裁离开了公司。克洛克一直担心这会在金融界产生对麦当劳公司的信任危机，但幸好这一切并没有发生。

迪克·博伊兰接替了哈里，继续为公司同银行家和金融分析家打交道，因为他过去就一直与这些人打过交道。哈里过去是提出设想，然后让迪克去做具体工作。因此，麦当劳在这方面没有遇到什么问题。

办公室里一些爱传小道消息的人把迪克归在哈里派，并认为不是在哈里离开公司后，就是在他当不上总裁时也会辞职。

但克洛克知道事情不会像他们想象的那样，而且他也决不会任命一个在经营方面没有雄厚基础的人当麦当劳的总裁。于是，克洛克把首席财政官的职位给了迪克，而迪克也确实干出了成绩。

1968 年年初，克洛克感觉不能再犹豫了，在一切就绪的情况下，任命了弗雷德·特纳为公司的执行总裁兼总经理，接替哈里原来的职务。

弗雷德虽然是临危受命，但在接受任命时却一步也没有停顿。作为总经理和执行总裁，他努力地实现克洛克开始的计划，并在执行中加上了一些他自己的重要特点。

弗雷德的魄力和做法与当年的克洛克十分相似，他大刀阔斧，锐意改革，不到一年就把公司整顿成了一个团结、能干的集体；全国各地规划的新店都开始建设，积极开拓海外市场，销售额更上一层楼……

克洛克惊喜地发现，在弗雷德的领导下，公司不但没有在哈里走了之后继续低落下去，反而更有了一种新的勃勃生机！

克洛克没有儿子，但从某种意义上说，他把年轻的弗雷德看作假想中的儿子，而且弗雷德具有克洛克所希望的追求事业的欲望和才能。因此，克洛克经常欣慰地说："我事实上有一个儿子，他的名字叫弗雷德·特纳。"

弗雷德从来没有让克洛克失望过。在接下来的 5 年中，公司的迅速发展应归功于弗雷德的计划和智慧，归功于埃德·斯密特和弗雷德总裁班子里其他人的努力。

作为一个开拓者，弗雷德努力为麦当劳重新占领了加拿大市场。哈里在离开公司前不久做成一笔交易，把加拿大西部的绝大部分专营权给了一个叫乔治·蒂德博尔的人，安大略地区的专营权给了乔治·科杭。科杭曾是芝加哥的一个律师，是一个想得到麦当劳的许可证的客户介绍给克洛克的。

科杭到加州来找克洛克谈那个客户的事情，克洛克对他印象很好。在一番交谈之后，克洛克对他说："孩子，我可以给你的最好的建议是离开法律界，到麦当劳公司来。我认为你具备了应有的条件。"

结果，科杭的客户没有加入麦当劳，而他却加入了。弗雷德也很看重科杭，但他并不想让科杭得到整个安大略地区。弗雷德认为加拿大市场与美国市场差不多，但竞争远不如美国市场。因此，他准备把那个广大地区的专营权买回来。

这真是一个大胆的行动！弗雷德坚信加拿大的市场潜力，没有让一些可能产生的困难来减缓这一计划的实施。

克洛克想："这才是我的儿子！"他终于放心了，现在把大部分权力都交给了弗雷德，自己终于可以喘口气，去美丽的夏威夷海滩晒晒太阳了。

关心社会关心人类

1968 年，弗雷德出任麦当劳公司执行总裁和总经理后，克洛克渴望能减少一些公司的日常事务，他说："我希望少想一点商业上的事，也许一天只想 18 个小时，而不是 24 小时。我希望能有多一点时间勾画麦当劳未来的蓝图。"

经过弗雷德 5 年的励精图治，麦当劳已经面貌一新了。

1970 年，麦当劳正式向海外市场进军。

1971 年，麦当劳进军日本市场，大获成功。

1973 年，克洛克允许琼退休了。虽然他很舍不得，因为琼也是像哈里一样为麦当劳付出了巨大努力的，她是那样热爱麦当劳。还好，琼拥有与哈里原来一样多的股份，她退休后仍然作为麦当劳的名誉董事，而且非常富有。这也让克洛克心里好受一些。

同一年，克洛克的爱女玛丽琳因患糖尿病去世。克洛克陷入巨大的悲伤之中。但是，他强忍这一切，默默地消化掉对爱女的哀悼。

就在处理完这些，克洛克想松一口气的时候，麦当劳却又出现了新的不利情况。克洛克叹道："看来我这把老骨头想放松一下都不行啊！"

这种情况来自于谣言，而谣言的制造者是那些最早的一批经营者。原来，他们当初签下的 20 年的合约就要到期了，所以他们在最后时间也不再苦心经营，对顾客态度很恶劣，损坏了麦当劳的声誉。

克洛克和弗雷德知道后，已经多次对他们提出批评，他们就认为不可能拿到新的经营许可证，于是就开始在公司内部和老百姓中间造谣生事，设法夺得公司。

他们为了造声势，还成立了一个所谓的"麦当劳经营者协会"，印发了大量传单在经营者中间散发。并且经常在新闻媒体上露面，公开说："麦当劳公司现在已经变质了，贪污和腐败已无法扼制。克洛克那个老头想把麦当劳公司变成他的私有财产。如果你不反击，在你的专营证过期时，你就会被一脚踢开，餐馆将由克洛克来接管。"

这些谣言的作用的确不可小觑，一时间经营者们人心惶惶，大家开始感到前途暗淡。由于心里没底，就不时打电话向公司总部询问这方面的事，他们不断要求克洛克保证：公司无意把他们的餐馆买回来。

克洛克与弗雷德商量："弗雷德，这样下去就坏事了，现在必须把这股阴风驱散！"

弗雷德果断地说："那就开一个麦当劳所有连锁店的经营者大会，我们在会上讲清楚我们的意思。"

克洛克也同意："好的，到时你来跟大家说！"

大会很快就召开了，弗雷德在会上驳斥了近期甚嚣尘上的谣言，他站在台前，发表了慷慨激昂的演讲：

多年来，克洛克先生一直跟大家强调，我们每个人的命运是连在一起的。既然是连锁店，那我们的宗旨就是互利互惠。公司决不会愚蠢到把一个符合我们质量、服务和清洁标准，在社区里建了麦当劳餐馆，与社区建立了良好关系，并在雇员中确立了一种坚强精神的经营者赶出公司的。

所以公司决不会丢下大家不管。如果大家静下心来好好考虑一下其中的利害关系，就不难发现，现在这些攻击麦当劳的人都是别有用心的！这些有恶毒用心的人才是想搅乱人心、趁机夺得公司的人。

　　弗雷德充分发挥了出色的口才，他把事实讲得清清楚楚，态度诚恳而明确，打消了大部分经营者的顾虑。

　　虽然这个所谓的"麦当劳经营者协会"的成员名单是保密的，但克洛克当然还是可以很容易就了解到它的会员都有哪些经营者。

　　弗雷德曾建议："我们不妨使用密探和制造阴谋的手段去打入这个协会。"

　　克洛克却说："谣言止于智者，我们要做的是等着他们的影响自动灭亡。好的经营者最终会讨厌这种协会的消极态度的，他们会认识到，尽管公司发展得越来越大，而且从必要性上看，也已经越来越非个人化，但公司的基本哲学和价值不会改变。"

　　果然，后来，这个"麦当劳经营者协会"的影响越来越小了，到了最后，也就彻底消失了。

　　内部的问题解决了，但不久以后，麦当劳的一些竞争对手却又散布了一些对麦当劳的生意产生消极影响的言论。这也是"树大招风"的必然规律。

　　这些言论总结起来就是：麦当劳的薯条、牛肉饼用的油里胆固醇过高，对健康有害，还会导致过度的肥胖；麦当劳的包装用的塑胶盒子、袋子等对生态环境有害，不符合环保，为了绿色事业，大家不要再光顾麦当劳……

　　弗雷德的火又压不住了，他找到克洛克，生气地拍着桌子骂道："总有些家伙害怕我们的成功！他们总是能找出借口来攻击我们！"

　　克洛克耐心地劝弗雷德："弗雷德，不要只顾着生气。他们指出这些，我们从另一方面来看，换一个角度也未必是坏事！"

　　弗雷德疑惑地看着克洛克。

　　克洛克接着说："我们不能只是对这些指责抱怨，我们既然不能去堵他们的嘴巴，那就要从我们自身来想解决的办法，我们是不是真的存在这些问题呢？"

克洛克又说："如果是的话，就应该马上改正。然后用事实证据来攻破它。而且，我们的宗旨是永远为人类谋福利，不能做一点对顾客不利的事！这些还有利于我们改进呢！是不是好事？"

弗雷德理解了。他马上带着实验室的工作人员仔细地研究了产品，并不断改进，把食品中的胆固醇和脂肪含量再降低一个档次；尽量用纸袋和纸盒来包装产品，如果不得不用塑料袋或塑料盒子，也选择一些可以再生利用的塑料制品，符合环保的要求，减少对环境的污染。

克洛克就是这样把对手的指责当成促进产品改良的参照，把自身的缺点都一一地改正过来，让竞争对手再也找不出攻击的借口。克洛克就是这样做的。

坏事真的变成了好事，顾客们对麦当劳的诚恳和务实很满意，他们都说到麦当劳用餐最放心。

克洛克说："麦当劳的宗旨就是永远为人类谋福利。"他是这样说的，也是这样做的。

有一次，麦当劳在莱克星顿大街选中了一个新店址，房子也建起来了，准备开张。

但是不久，公司就接到了当地许多居民寄来的抗议信，他们说："我们不愿意麦当劳把餐馆开在这里，因为麦当劳的风格跟我们这里很不搭配！"

克洛克知道这件事后，严肃地对弗雷德说："既然那里的居民这么不欢迎我们，那我们就放弃那个地方吧！虽然这会让我们损失不小，但是，我们要对顾客负责，对老百姓负责。我们不能在人们不欢迎我们的地方建餐馆，这是一种经营的道德！"

于是，麦当劳撤出了在莱克星顿即将开张的连锁餐馆。

克洛克决定再另选地址。克洛克最喜欢去察看公司选中的每一块新地产，他说："为麦当劳找到一块地方是我能想象到的范围内一件最具创造性的事情。想想看吧，那里没有任何东西，无论什么人生产东西。而我在那块地上建房子，经营者在里面做生意，雇上 50 人或 100 人，于是又为垃圾工、园林工，卖肉、卖面包、卖土豆的人带来了新的生意。这些都是那块光秃秃的土地带来的大约一年 100 万美元的生意。我要说，我对看到发生的这一切感到无比的满足。"

1974 年《幸福》杂志研究公司出版了一份 75 页的分析报告，预测了麦当劳至 1979 年的发展情况。这份报告相当清楚地描述了公司的财政情况和克洛克所预见的房地产发展状况：

麦当劳成功的基础是，它在一种清洁、愉快的气氛中，用快速、有效办法提供了一种价格低，但注重价值的产品。虽然这家公司的食谱上东西并不多，但它却包含了在北美洲被人们广泛接受的食品。正是因为这些，人们对这些产品的需求不像其他餐馆的食品那样对经济的波动那样敏感。

在 20 世纪 70 年代以前，麦当劳一直只在郊区发展。然而，过了一段时间，它花了许多钱做全国性广告，从而引起了对它的产品的潜在的全国性需求。因此，为这家公司实现多样化和加强发展计划的舞台已经搭好了。

现在，在市区、购物中心，甚至大学的校园里有 100 多个麦当劳餐馆；它们中的绝大部分都经营得很好。还计划建许多这样的餐馆。

我们坚信，麦当劳几乎可以在居住人口集中、流动人口集中的任何地方建餐馆，只要资金周转率能达到公司的目标。这种见缝插针式的发展方式和现有的正常发展结合在一起，使我们可以预测出，这个世界性的大公司每年将平均新增 485 个餐馆。

克洛克·麦当劳伟业

　　克洛克看到这份报告后，满意地说："见缝插针式的发展，太对了。全国有数不清的犄角旮旯，都可以成为建餐馆的地方。我们计划向这些地方发展。"

　　1974 年，克洛克在应邀为达特茅斯商学院演讲的时候，他谈起这个话题，心情激动地说：

　　　　一个企业的成功，不能只想着自己能赚多少钱，而把人们抛下不管。一个成功的企业，一定是对社会、对国家、对人类都能作出贡献的。总之，麦当劳永远为人类谋福利！麦当劳永远不会做对人类有害的事！

完满的人生

　　世上任何东西都不能代替恒心。"才华"不能：才华横溢却一事无成的人并不少见。"天才"不能：是天才却得不到赏识者屡见不鲜。"教育"不能：受过教育而没有饭碗的人并不难找。只有恒心加上决心才是万能的。

　　　　　　　　　　　　　　　　　　—— 克洛克

与乔妮终成眷属

从 1955 年创立麦当劳连锁公司以来，克洛克一直全身力扑在事业上。埃塞尔是一个喜欢过宁静生活的人，她与克洛克在一起生活，经过太多的磨难，受过太多的惊吓，她一直很失望。

埃塞尔只是象征性地出席一下每年的麦当劳公司员工和家属的联欢会，夫妻之间一直平平淡淡的。

1961 年与乔妮机遇后，克洛克感觉与埃塞尔的裂痕越来越大，最终决定与埃塞尔离婚，但后来乔妮由于家庭的阻力并没有答应克洛克。

虽然 1963 年与简·多宾斯·格林结了婚，但在很长一段时间里，克洛克都没有感受到家庭的幸福。

简是克洛克的一个朋友介绍给他的，当时克洛克正由于乔妮与他分手而陷入痛苦之中，公司内外的朋友为此非常着急，于是想办法为他解决单身的问题。

简有着甜美的体态，她很可爱，像是多丽丝·戴的缩影。她与乔妮完全不同：乔妮是个强人，永远知道自己在想什么；而简完全是服从型的：如果天空是晴朗的，克洛克说似乎要下雨了，简立刻就会表示同意。

克洛克也很中意简，他们见面后的第二个晚上在一起吃饭，然后第三天、第四天……克洛克完全被简迷住了，不到两周，他们就举行了婚礼。

乔妮知道这件事以后，有一天她打电话给克洛克，说了一些寒暄的话之后，乔妮问克洛克："雷，你幸福吗？"

克洛克当时就呆住了，过了好一会他才回答："幸福，当然幸福！"然后猛地把话筒放下了。

1968 年，西部地区的经营者计划在圣地亚哥召开年会，并邀请克洛克去讲话。

克洛克跟简在一起日子过得太平静了，他想："好吧，坐着晒太阳的事以后再说吧！"

对麦当劳来说，这是非常激动人心的一段时间：有了弗雷德这个新总裁在掌舵，食谱上又增加了很有前途的"巨无霸"和"热苹果派"，餐馆建筑有了新的风格，员工有了新式的工作服，在埃尔克格罗夫有了美丽的新校园的汉堡包大学已经开学。

不甘平静的克洛克想道："好极了，对我来说，没有什么比与一帮经营者们交往，在一起谈餐馆的事更有趣的了。"

但是，在提前登记的名单上有一对夫妇使克洛克特别感兴趣，那就是来自南达科他州温纳皮格及拉皮德市的罗利·罗兰德和乔妮·史密斯。

平静的日子再次掀起了波澜。

克洛克兴致勃勃地赶到圣地亚哥西部经营者大会，再次见到了乔妮。他们已经有 5 年没有见过面了。

克洛克本来以为自己已经忘记乔妮了，但是这时他才明白：原来，爱，是不会这样轻易就忘记的。

乔妮依旧是那么漂亮迷人，她的举止言谈依旧是那么得体，她的眼神依旧是那么富有神采。

而在乔妮眼中，克洛克一直是位性格坚强、有魅力、有胆识的人，她从 5 年前就感叹命运之神在冥冥之中捉弄了她，让她认识克洛克太晚了。现在再次见到克洛克，她感到自己几乎都不能呼吸了。

5 年的分别非但没有让这份感情变淡，反而使他们更加彼此认定对方是自己这一生中所要寻找的那个人了。

克洛克在旅馆的房间里有一架大钢琴、一个壁炉和一个酒吧。克洛克让洛杉矶办事处的步卡尔·埃里克森开着自己的新罗斯罗伊斯车把自己送来，准备在房间里开晚会。

在大会的第一个晚上，克洛克去参加一个小型晚宴，乔妮和她的母亲以及丈夫罗利·罗兰德也在那里。这时，乔妮坐到了克洛克旁边。

克洛克却鬼使神差地对身边的罗利说："罗利，你坐到另外一桌去。"

在场的每个人都在偷偷地笑，他们以为克洛克在开玩笑。但是，乔妮心里明白克洛克的意思。

克洛克讲完话后，每个人都从桌旁站起来，准备离开。这时克洛克心里说："啊，别结束，我的上帝！"

于是克洛克情不自禁地说："请慢，各位。你们都到我的房间去，弹会儿钢琴，喝点酒。"

大家全都过来了，也包括乔妮和罗利。尽管大家都高兴得又唱又笑，但罗利没待一会儿就走了。

乔妮对罗利说："你先走吧，罗利，我准备再待会儿。"

几个小时后，除卡尔外，就剩下克洛克和乔妮了。

卡尔在屋里漫不经心地打扫卫生，看上去很不自在。于是克洛克让他在附近随便走走，卡尔转身走了。

乔妮和克洛克不停地说话，而克洛克已没有了时间感。两个人都不再忍受相思的痛苦了。

克洛克对乔妮说："我知道你的丈夫会发疯的，但我管不了这些了。"

乔妮也告诉克洛克："雷，我现在就准备离婚，也不管我的家庭会说什么了。我决定要同你结婚，也不管会有什么风言风语了。"

克洛克高兴得跳了起来："太好了！"

乔妮凌晨 4 时左右离开后，卡尔躺在沙发上发出像锯木头一样的鼾声。而这时，克洛克还像一只失去控制的球在那里旋转。接着，他这才想起明天早晨还要在大会上讲话的事，赶紧走进洗澡间对着镜子看。哎哟！这个形象可不行！于是他点了一些洗眼剂，喝了点苏打水。然后，又点了洗眼剂，接着又吃了阿司匹林。他已经想不起在会上要说什么了。

上午，会议开始了几小时后，克洛克从讲台上看着会场里众多的经营者，仍然不知道自己该说点什么。他满脑子里想的全是乔妮和自己尽快在拉斯维加斯见面，然后他们分别离婚。

克洛克不知道那天上午说了些什么话，但事后好些人竟然对他说："克洛克先生，您那天的讲话是一次最鼓舞人的讲话！"

克洛克回到家后，简和他商量："雷，我打算让你陪我乘世界游艇出国旅游。"

而这之前，乔妮就与克洛克商量好，让他和她出去旅游，然后在外面的 3 个月里再慢慢地把这个消息告诉简。

克洛克太喜欢乔妮了，他一想到这样长时间地离开乔妮，就越觉得那是无法忍受的。最后，克洛克干脆说："大家都不去旅游了。"

克洛克非常不想伤害简，但他又必须立刻离婚。所以克洛克在离婚时承诺：要使简在经济上有保证，让简仍然住在他们在贝弗利山庄的寓所里。

乔妮这时也办好了离婚。那接下来就是选择结婚的地点了！

1965 年时，克洛克在南加州买了一座农场，目的是想把它变成麦当劳举办座谈会的中心和在那年创办的慈善基金会的总部。那是个极好的地方！

于是，克洛克在那里建了座可以尽观周围美丽山色的大房间。

1969 年 3 月 8 日，乔妮和克洛克在南加州农场山上的豪华别墅里举行了盛大的婚礼。

在美丽的湖光山色的映衬下，乔妮的笑容比春天最美丽的花朵还要灿烂，克洛克的心里也比世界最勤劳的蜜蜂酿成的蜜还要甜。

婚后，在克洛克和乔妮的大房间里，经常可以传出优美的钢琴和手风琴的二重奏。

克洛克终于感到自己是个圆满的人了。有了乔妮的陪伴，他一下子显得年轻了十多岁，生意场上的繁忙和劳碌，在乔妮的调剂下，似乎都变成了过眼云烟。

这时，克洛克对自己说："现在，可以让生活轻松点，享享福了。苦心经营已经耗干了我的精力。上帝真的是太仁慈了，他把一切所能给予人类的最好的东西，都给了我一个人！"

乔妮细心地照顾着克洛克，当他因为多年来的风湿性关节炎感觉不舒服的时候，乔妮就让他坐在轮椅上，她推着他在家的附近一边散步，一边欣赏那美丽的旖旎风光。

20世纪70年代的第三个春天来了，农场里到处开满了百合花，乔妮推着克洛克边走边聊着那过去的岁月，克洛克总会感慨："我这些年来几乎马不停蹄地为事业奔波，甚至在工作之余也找不到休闲的时间。现在不同了。"

乔妮跑到田野里，采集了一大束鲜花做成一顶漂亮的花冠，戴在克洛克头上，俏皮地说："来，我为我们的麦当劳国王加冕！"

到了草莓收获的季节，乔妮会带着克洛克一起采集丰收的果实，把它们做成甜甜酸酸的草莓酱。

从此以后，乔妮一直陪伴在克洛克身边，再也没有分开过。克洛克真正享受到了家庭的幸福，他的生活变得前所未有的丰富多彩！

向世界拓展市场

1969 年，克洛克与乔妮这对有情人终成眷属。这时，麦当劳的事业稳步前进，弗雷德打理得很好，看来克洛克已经能够放下心来与乔妮一起好好享受一下生活的乐趣了。

但是，克洛克的一颗心时刻关注着他心血凝成的麦当劳事业。他依然订了大量的报纸，每天都关注着生意场上的情况。他仿佛是一个解甲归田的将军，还时时不忘擦拭着自己的长矛，时刻准备着听到军号的声音，重回沙场，冲锋陷阵。

麦当劳此时已经规模非常大了，在全国拥有几千家连锁店，还拥有一些繁华地段的房地产。

不过克洛克并不满足，他经常说："麦当劳要坚持奋力前进。世界上没有任何东西能够取代坚持，才干不行，有才干的人不能获得成功的事屡见不鲜；天赋不行，没有得到回报的天赋几乎只能成为笑柄；教育不行，世界上到处都是受过教育却被社会抛弃的人。只有坚持和决断才是全能的。"

所以，企业在国内取得成功之后，都不免野心膨胀，把事业从国内转向国外，克洛克也不例外。

1970 年，麦当劳决定向海外市场大举进军。这在世界快餐连锁的历史上是前无古人的，没有经验可循。

早在 20 世纪 60 年代刚刚买下麦当劳所有权的时候，克洛克就在加拿大开始了早期市场的开拓尝试。加拿大是美国的邻居，人们的生活习惯与美国相差不大，所以，麦当劳很快就在加拿大受到了广泛欢迎。

当时，美国的服务业到海外投资的情况不多，范围也仅限于美洲境内。因此，在加拿大尝试取得成功之后，麦当劳又在波多黎各、哥斯达黎加这些美洲国家都相继打开了市场。人们都很喜欢这种清洁方便又物美价廉的快餐。

克洛克这时想做第一个吃螃蟹的人了，他设想："可不可以把这种美洲人都能习惯的东西推广到全世界呢？"

美洲与欧洲有着千丝万缕的联系，好多美国人都是欧洲的移民，所以克洛克首先把目光瞄向了欧洲市场。

但令克洛克始料未及的是，麦当劳在欧洲发展的难度很大，因为欧洲国家一般都保留着悠久的历史传统，古老的文化使他们从祖先那里继承下一种贵族的习惯。这些国家的人，尤其是中产阶级家庭，一直把到外面吃饭当成是一件隆重的事，每当到外面用餐，一定要穿上压箱底的衣服，修饰化妆，衣冠楚楚地走进餐厅。

而且欧洲国家几乎没有像美国这样随处可见的快餐店。那里的餐厅中，必定有殷勤的侍者站立左右，像仆人一般听话。餐厅的环境必定是华丽优雅的，印制精美的菜单上也都是标准的精心制作的传统大菜，必定是盛在光洁的盘子里，用精美的餐具文质彬彬地放进嘴里。

因此，麦当劳准备输出的不仅是汉堡包一类的食品，而且是一种饮食文化，其难度可想而知。

麦当劳首战出师不利，在德国、荷兰等国家的拓展都遭到了失败。

弗雷德把这些出师未捷的情况报告了克洛克："克洛克先生，也许我们拓展欧洲市场的初衷是错的。欧洲人似乎只喜欢穿得庄重整齐，到豪华的饭店去吃大餐，他们并不喜欢吃汉堡、薯条搭配起来的快餐。"

克洛克皱着眉头思索着，过后他对弗雷德说："不会错的，弗雷德，现在全世界人们的生活节奏都越来越快，欧洲人当然也不能例外，在欧洲开店一定不会错！快餐在那里一定还是大有前途的。只是，现在我们要分析研究这些国家的市场和人群分布的情况。比如绕开家庭，针对我们麦当劳的特色客户群进行研究。等我们做好了这些，那就重整旗鼓，必奏凯歌！"

弗雷德带领麦当劳负责研究工作一班人马开始仔细分析欧洲国家的特点。他们终于发现：这些国家公司里的白领对快餐有很大的需求，他们日常工作十分繁忙，生活节奏比常人快得多，他们一定会对麦当劳这种快餐和服务方式产生兴趣。

克洛克与弗雷德得到分析结果后，马上调整了战略。他们把麦当劳连锁店开到一些公司密集的地区，并且增加了快餐配送的服务方式。在广告宣传中，也以"白领的贴身厨师"为口号。

这种新的战略立刻产生了可喜的效应，很快，在欧洲的新店销售额直线上升。人们对麦当劳的服务也一致给予赞扬。麦当劳逐渐走进欧洲人的日常生活中。

欧洲市场打开了，更进一步激发了克洛克的野心，他下一个目标投向了太平洋对岸的亚洲。

在亚洲这些国家里，日本是经济水平最高的，生活节奏快也是世界有名的。所以，克洛克在亚洲第一个选择了日本。

1971 年，日本麦当劳总裁藤田与克洛克初次相见，克洛克通过交谈感到藤田是一个非常聪明而善于思考的杰出商人。

藤田当时向克洛克建议说："针对日本的国情必须采取一种独特的办法。日本人既有一种自卑感，又有排外情绪。日本所有的东西都来自外国：文字来自中国，佛教由韩国传来，而战后从可口可乐到IBM 都是来自美国。但日本基本上是排外的，不喜欢中国人和韩国人，更不喜欢美国人。"

克洛克听藤田分析得很有道理，就向他示意："请说下去。"

藤田接着说："由此我得出的结论是，在日本的麦当劳公司从老板到员工，必须是百分之百的日本化，使麦当劳的食品从外包装上也要采用日本本民族的特点和方式，看不出是进口的美国货。如果坚持这是美国货，顾客会因为对美国的抵触情绪而不买此食品。"

克洛克听过了藤田的精辟分析，同意了藤田的方案，与他签订了合作协议，美日双方各出资一半。

藤田以富有戏剧性的行销手段，展开宣传攻势，使麦当劳在一夜之间便名扬全日本。

1971 年 7 月 20 日，东京银座区麦当劳餐厅如期开业，第一天营业额高达 6000 美元，打破麦当劳一天营业额的世界纪录。

接着，第二家、第三家麦当劳餐厅相继开张。在短短 18 个月，藤田在日本神速地开办了 19 家麦当劳餐厅。麦当劳在日本一举成功，成为日本最大的连锁餐厅，年营业额达 6 亿美元，超过了任何一个麦当劳在海外的连锁机构。

克洛克在总结了日本的成功经验后，便以一个与日本相同的模式在全球开发市场：在当地找一个优秀的合伙人，给予他相当股份和自主权，让他自由发挥。

就这样，一座座麦当劳餐厅如雨后春笋般在世界各国安家落户了。一个个金色的 "M" 拱门标志以飞快的速度出现在了世界各个国家的不同城市里！他们在各自不同的国家，针对不同的市场文化，采用了不同的促销手段，但却使用着同一套标准的营运系统。

不同语言、不同种族、不同肤色的人们都认识了麦当劳，并且深深地爱上了它。

到了 20 世纪 80 年代初，麦当劳已在世界 33 个国家和地区建立了 6000 多家分店，仅 1985 年一年就发展海外分店 597 家，平均 15 个小时就开一个店的速度使得它的竞争对手望尘莫及。

买下圣地亚哥牧师队

1972 年，克洛克享受了 3 年的幸福家庭生活，同时看到麦当劳的快速发展，令他十分高兴。然而，克洛克也感到越来越难以坚持下去了。因为多年来的风湿性关节炎已使他痛苦难言，大大损害了他的健康。

乔妮的细心照顾使克洛克重新恢复了活力。他们一起弹琴、唱歌、游泳、打球，克洛克仿佛一下子回到了自己童年的快乐时光，他的病痛也减轻了许多。

虽然疼痛仍然无时无刻地存在，但克洛克现在又喜欢到处走动了，也不顾乔妮提出的应在农场安顿下来的请求。他想做的事还很多，而坐在轮椅里是无法做这些事的。

克洛克对乔妮说："做生意不像是作画，你无法画上最后一笔，然后把它挂在墙上自己欣赏。我在麦当劳总部贴着条：'若非成功，不进则退。'别让退步发生在我们或你们身上。弗雷德虽然在管理公司方面做得很好，这也是我预料之中的事，但是，他也有不少需要我给以关注的地方。"

不过克洛克这时关注的并不都是生意上的事，因为麦当劳已经后继有人，弗雷德就像是自己的儿子一样能干。每周，弗雷德都会打来电话，与他商量公司的一些事务，但克洛克不用再像以往那样为公司操劳。

其中的一件事，也是克洛克想圆自己少时的一个梦想：他想拥有芝加哥幼狐队。因为他从 7 岁起就一直支持这支棒球队。现在，时机似乎成熟了，于是克洛克试着想提出买幼狐队的要求。

一个晴朗的上午，克洛克正和乔妮在他们花园的葡萄架下谈心，阳光温柔地照在他们头上，空气里弥漫着水果的芳香和泥土的清新。

乔妮一边给葡萄剪枝，一边哼着快乐的曲子。克洛克则坐在安乐椅上读一本棒球杂志。

克洛克忽然抬起头，郑重地对乔妮说："乔妮，我想和你商量一件事。"

乔妮回过头，看着克洛克，见他说得非常严肃，于是放下手中的葡萄枝，走到克洛克身前："亲爱的，什么事？"

克洛克说："是这样，乔妮。你看，世界是这样充满着生机，而我现在也一样，我感觉骨子里的热情还远远没有耗完，我还有的是精力。我想，我还可以做很多事情。"

乔妮笑着问："你到底想说什么？"

克洛克答道："哦，我的意思是我想回一趟芝加哥，我想买下那支幼狐棒球队。"

乔妮听了一愣。她一直以为，克洛克年纪大了，这些年也太辛苦了，他需要在这里安度晚年，而且自己也喜欢南加州农场的这个家。

不过乔妮很了解克洛克是一个什么样的人，于是她轻轻地说了一句："雷，你想做什么就去做吧，只要你已经想好了。"

克洛克一听就高兴了："乔妮毕竟是与众不同的乔妮，我说什么你都支持我！"

克洛克马上就行动起来，他飞到芝加哥，立刻派人向芝加哥幼狐队的老板菲尔·里格利进行洽谈。

但菲尔却托人捎话给克洛克说："告诉克洛克先生，我知道他很有钱，如果说这个俱乐部要卖的话，他就是那种我愿意卖给的人，他也完全有这个能力。但是，俱乐部不打算卖。所以我们没有必要见面来谈这件事情。"

这把克洛克气疯了："里格利没有想办法提高球队的水平，而又不放弃球队让别人来想办法。真是白痴!"

既然人家不愿意,克洛克也只有飞回了南加州的家里。乔妮安慰他说:"你既然有心,那就关注一下,总会等到机会的!"

克洛克点点头,只好暂时作罢。

1974 年,乔妮到洛杉矶去看望女儿。克洛克独自过了一段时间,很不适应乔妮不在身边的日子,于是决定自己也当度假,去一趟洛杉矶。

在飞机上,克洛克买了一份报纸,打发旅途的无聊。这时,他突然读到了一个标题:圣地亚哥牧师队将要出售!

克洛克很熟悉这支球队:圣地亚哥牧师队是一支职业城市棒球队,克洛克一直敬重球队的总经理布泽·巴瓦西,他是一个正直而有能力的人,而球队各方面的情况都不错。不过,近期它的老板阿恩霍特遇到了很大的财政危机,没有办法了,只好决定卖出这支球队。

克洛克当即兴奋地大叫起来:"太好了!终于等到了这个好机会!"如果不是座位的安全带束缚了他,他可能真的会跳起来。

克洛克不由自言自语:"上帝,圣地亚哥是个美丽的城市。上天终于给了我一次机会,我为什么不去那里看看球场的情况呢?如果能谈得妥,那我就即将要在球场上证明自己。让世人看一看,雷·克洛克不只会卖汉堡包,照样也可以把一支棒球队搞得有声有色!"

乔妮已经在洛杉矶机场等候他了,克洛克和乔妮互相倾诉了思念之情后,两个人就坐到车里,去乔妮女儿那儿。

乔妮开着车,克洛克坐在旁边兴奋地对乔妮说:"乔妮,机会终于来了,我想买下圣地亚哥牧师队!"

乔妮不解地转过头看着克洛克问:"那是什么?是修道院吗?"

克洛克笑得差点岔了气,乔妮不明所以,诧异地看着他。过了好一会,克洛克才擦掉眼角笑出的眼泪,又捂着肚子"哎哟"了两声,这才对乔妮说:"噢,不,乔妮,也许那是一个教堂的唱诗班。"

既然这个机会来了，克洛克就不会放过，他迅速找了经纪人唐来帮他去洽谈这件事情。

当时，有好几个团体已经表示有兴趣买下这个球队，所以悬而未决的事还不少。唐打电话给球队的总经理布泽·巴瓦西，告诉他雷·克洛克想买下球队。

布泽当即表示："那太好了。这个团体中还有哪些人？"唐说："他就是这个团体。"

布泽那边是长时间的、带怀疑态度的沉默。接着，唐又说："他拥有麦当劳的700万股普通股票，每股卖价约55美元。"

布泽用心算过这些数字后说："我很乐意与克洛克先生谈这件事。"克洛克与布泽之间有过一次初步接触，当时还和布泽及他儿子皮特交换了打棒球的面罩。

从布泽成为老布鲁克林·道奇尔队的一员，并与拉里·麦克费尔、布兰克·里基和沃尔特·奥马利等棒球队总裁有交往时起。克洛克就一直钦佩布泽，而且尊重他的专业知识。这也是使克洛克下定决心要拥有这支棒球队的原因。

但在达成这笔交易前，有许多个星期是在令人焦急的讨价还价中度过的。史密斯起初的出价比克洛克愿意出的价格多50万美元。经过艰苦的谈判，几番讨价还价，终于在价格上达成了协议。

在价格问题解决之后，正设法通过政府来帮他摆脱困境的律师们仍陷在泥潭里。唐通过电话每天向克洛克报告与史密斯等人会谈的情况。最后，他们把分歧点减到只剩下一两个。

一天晚上，克洛克飞到了圣地亚哥，见到了史密斯等人。

克洛克微笑着向史密斯伸出友好的手："你瞧，史密斯先生，我们耽误的时间够久的了。除非现在就签了这个协议，否则不会再有别的协议了。"

史密斯笑了，与克洛克顺利签订了协议。

经营管理棒球俱乐部

1974 年，克洛克如愿以偿地买下了整个圣地亚哥牧师队。实现了他一直想拥有一支自己的棒球队的梦想。

由于牧师队不景气已有 5 年了，队里资金短缺，队员们人心涣散、比赛消极，这几个赛季的成绩一直不算太好。所以克洛克也不指望会让它立刻就出现奇迹。

克洛克在体育记者采访时回答说："我想，至少要有 3 年时间才能重振球队，而且他们在洛杉矶开赛时连输 3 场，我也不会感到奇怪。失望，但不奇怪。"

圣地亚哥那些天都像过节一样张灯结彩，广场、街头，人们都在传送着同一个信息：我们的牧师队有救了！是麦当劳的老板克洛克拯救了他们！

克洛克在圣地亚哥像一个英雄似的受到欢迎。当克洛克和乔妮在街上闲逛的时候，老人和孩子都拦住他："克洛克先生，感谢您为这个城市挽救了棒球！我们圣地亚哥人都会永远记住您的！"

有些当地的麦当劳经营者也向克洛克汇报说："克洛克先生，您买下牧师队后，我们店的生意也比过去好了一倍！"

乔妮笑着对克洛克说："雷，你成了当地名人了，现在出门别忘了带签名笔哦！"

克洛克得意地说："乔妮，你提醒得对。现在你知道我的决定是对的了吧？"

这天，牧师队迎来了克洛克当老板之后的第一场主场比赛。

市长在牧师队举行的第一场家乡球赛的开幕式上，赠送给克洛克一个荣誉市民奖章。他并即席进行热情洋溢的讲话："欢迎克洛克先生，欢迎他成为圣地亚哥的一分子！感谢他为我们带来的快乐！圣地亚哥人民欢迎你！"

体育记者也送给克洛克一个奖章。随后，当地的美国海军乐队和海军陆战队乐队演奏了乐曲。在克洛克站立的时候，照相机不停地闪光，人们举起胳膊，用手指做出 V 的标志，全场响起雷鸣般的掌声和欢呼声。

而克洛克就像一个总统候选人那样向欢呼的人群示意。

戈登·麦克雷唱完了国歌后，裁判员高喊："开球！"

当休斯敦·阿斯特罗斯队的第一个击球手走出本垒时，克洛克激动得难以自制，他甚至没有办法让自己能安静地坐在椅子上观看比赛。

但当克洛克看到自己球队接连出错时，他的高兴劲很快就消失了。几局下来，比分越来越悬殊了，克洛克感到了巨大的失望和厌烦。

接着，牧师队出现了一些上升的迹象。他们占了几个垒，只剩一个没占了。牧师队第四个击球手在本垒后面打出了一个高抛球，全场都紧张地看着球，希望它掉到看台上造成击球犯规。

但休斯敦的接球手接住了球，又扔了出来。克洛克转身对唐说："该死的，我们在那集会了。唉，我们还有一个垒没有占住。"

当克洛克转过去再看比赛时，却惊奇地看到阿斯特罗斯的人走出了场。他大声问道："这是怎么回事？还有一个垒没跑呢！"

唐摇摇头说："是的，是还有一个垒没跑，但我们的队员在击球犯规的时候从一垒向二垒跑，所以被接球手挤出局了。"

这实在使克洛克感到恼火，他站起来，匆匆向播音室走去。

克洛克走进播音室后，拿着麦克风做现场解说的人用疑惑的眼光打量他："克洛克先生，您这是……"

克洛克没搭理他，从他手上一把抓过麦克风。就在这时，一个男人一丝不挂地从左看台那边跑过了赛场。

克洛克的声音立刻响彻了球场的每个角落："把那个不穿衣服的人赶出去！抓住他！快叫警察来！"

那个人一直没被抓到，但他却在观众中引起了相当的混乱。

克洛克大声地对着麦克风说起来："现在是雷·克洛克在讲话。"

观众席上一片哗然，就连正在比赛的两支球队也都惊讶地停了下来。人们都不知所措地等待着，就连球队的领队、经理，甚至市长都竖起了耳朵，听克洛克要讲些什么。

"今晚，我想告诉大家的，有好消息，也有坏消息。今天晚上，场里的观众比几天前在较大的查维斯·拉万体育馆看洛杉矶道奇尔队的开赛式的人还多 10000 人，这是好消息。"

但接下来，克洛克的声音再次提高了，近于咆哮："坏消息是，我们的球打得很糟糕。我对此表示歉意。我对这种球技讨厌透了。这是我看过的打得最笨的一场棒球赛！"

包括乔妮和棒球队领队在内的每一个人都感到了震惊。40000 名球迷大声叫喊，采访棒球赛的记者也疯了。

克洛克回到旅馆时，乔妮正在接电话。她放下电话对克洛克说："我为你感到羞耻！雷，你怎么会做这种事呢？难道你喝醉了吗？"

克洛克疲惫地说："没有，我没有喝醉。我就是疯了。"

事后，许多记者采访克洛克，都问他那天的事，他们所提的问题都是："您是否为在球场上的举动感到后悔？"

克洛克的答案是："我从不后悔！我后悔的只是当时没有向他们提出重点，而不仅仅是表达我的愤怒。输球并没有什么错，但如果是由于队员不思进取、甘心失败，那就是不可饶恕的！我对这种行为一直痛恨！

"另外，我确实应该向领队表示外交上的歉意；但我还是要给棒球队员们介绍一种新鲜的观点。这就是我一直坚持的，也是麦当劳的雇员都知道的观点——顾客花钱是要得到合格的产品。显然，球员也是一样，一个职业球员就要把所能做到的最好的球技奉献给掏钱来看他们比赛的观众。如果他不尽力去做到这一点，那就是他们的服务不好，这是显而易见的。"

当时，对克洛克在现场发火一事有各式各样的反应。报纸的专栏作家为这件事辩护，电视评论员指责这件事。但从总体上看，他们都同意克洛克所表达的看法——输球没有罪，除非你没有尽最大的努力。

棒球界的各种人士在谈到怎样使这个观点适用于职业球员的问题时，就被人们分成支持者和反对者。休斯敦·阿斯特罗斯队的第三号跑手道·雷德说："他觉得他是在对谁说话，是对一帮做快餐的厨师吗？"

克洛克则针锋相对，他也对新闻界说："雷德污辱了所有做快餐的厨师。"

因此，克洛克专门邀请圣地亚哥地区的所有做快餐的厨师作为客人，去观看下一场在休斯敦举行的牧师队迎战阿斯特罗斯队的比赛。

在赛前，克洛克更明确表示："如果哪个人戴着厨师的帽子，就可以免费入场。"

在举行那场比赛时，观众的人数是以往的好几倍，过去冷冷清清的休斯敦体育馆竟然爆满。成千上万的人戴着厨师的帽子，有的人还在头顶上放了金色的"M"标志，而且他们都坐在第三垒的后面。有人在比赛开始前还在雷德的本垒上放了一顶厨师的帽子。

在比赛中，牧师队的球迷们对雷德做的每一个动作都发出讥笑声，当然，一切都为了取乐。

这场比赛进行得非常精彩！

看到圣地亚哥的球迷们是如何为牧师队呐喊，甚至在输球时也支持他们的情景，克洛克心里十分感动。

从休斯敦回到圣地亚哥后，克洛克接见了牧师队的工作人员和球员们。当布泽第一次带克洛克会见办公室的职员时，克洛克对布泽说："我要你给所有的人加薪，一个也不要漏。"

布泽对此显得犹豫不决，他对克洛克说："球队的职员工资历来很低。他们必须这样，因为坏年份比好年份多。"

克洛克当即回答说："传统算什么，我拥有的球队就要有优厚的工资。"

最后，他们达成了协议：没有给每个人增加工资。但克洛克要求让有资格提工资的人都能有份。在圣诞节和球队比赛情况好时，他们都得了奖金。

布泽后来承认，球队不断取得胜利的部分原因是办公室职员对工作有了新的兴趣和提高了工作效率。

在1977年的赛期开始前，克洛克还为球队引进了一些优秀的选手。一个是吉恩·坦纳斯，他是个接球手、外场员和有力的击球手；另一个是罗利·芬格斯，他是个优秀的替补投手，他们两人原先都是奥克兰Ａ队的球员；另一个替补投手是布切·梅茨格。

大家期待着投球手兰迪·琼斯再次大出风头。作为一个开局投手，他在1976年获得过"青年奖"。这大大地充实了牧师队的实力，球队的水平一直在不断提高，成绩也一直在稳步上升。

随着球队的表现越来越好，球场上的观众每年都增加很多。

到后来，牧师队的比赛越来越好看，牧师队的比赛几乎场场爆满，球队已经成为全国的领头羊之一。

克洛克还想出了很多有趣的办法来鼓励观众的情绪，比如用爵士乐队。在橄榄球赛中，使用爵士乐队已成为传统，现在也用在了棒球赛中。

在一次比赛前，克洛克拿出10000美元让人去抢。当时，从看台上随意挑选了40名观众，让他们走到撒满纸币的赛场上。在规定的时间里，他们抢到的钱都归自己。

场地上争抢得非常激烈！

布泽感谢克洛克对球队表现出的浓厚兴趣："克洛克先生，几乎所有的球队主人都是不露面的地主，而您不是！"

牧师队的球场归圣地亚哥市所有，因此克洛克不能在那里做自己想做的事。市政府的要员们毁掉了他准备整修周围环境、美化场地的一些计划，克洛克也无可奈何。

但克洛克仍不断想出一些办法，使棒球比赛变得更加让人高兴。其中的一个办法是，单人电子乐队，即一架带鼓声、钗声和各种音响效果的自动演奏钢琴。

克洛克让人把它漆成牧师队的黄褐色，然后放在体育场的入口处。

布泽认为这是种古怪的想法，但他看到比赛前在那里观看的人群时，他改变了这个看法。

克洛克还想出了一个用一美元买一大盒爆米花的主意。他们的促销口号是："世界上最大的爆米花盒。"

在这方面，克洛克还有些其他的想法，比如一种新的饼干。他这个想法是从匹茨堡的吉姆·德里加蒂那里学来的。在他那里，这种饼干被叫作"阿尔定诺小胡桃饼"。

总的来说，拥有牧师队是很有价值的。其中最有价值的一点是，克洛克发现了圣地亚哥的进取精神。他认为，圣地亚哥正在向全国发展最快的地区之一的方向前进。气候条件对各种制造业来说都很好，劳动力很充裕，人们对本地区有一种饱满的情绪。

1976 年 8 月，克洛克又买下了世界冰球联合会的圣地亚哥水手队。他觉得这座城市值得有自己的棒球队和橄榄球队，也值得有一支职业的冰球队。

其实克洛克对冰球从来也没太注意过，但他知道，它的节奏很快，色彩丰富。也有人对克洛克说："你看过几场比赛后就会上钩了。我们就等着瞧吧！"

水手队也一直受人欢迎，但一直亏本。它需要强有力的商业指导，而克洛克和布泽以及克洛克的女婿、冰球队的副总裁兼总经理巴拉德·史密斯可以给它这种指导。

棒球队和冰球队的成绩好了并开始盈利之后，克洛克这时候就开始围绕着球队做起了生意，麦当劳的餐馆就不用说了，在体育馆的周围就开了好几家，还设置了一些快速自动售货机。

乔妮看到克洛克又像年轻时做生意一样投入到体育俱乐部的事业中去，忍不住对他说："雷，我想对你说，只要把你放到人群中去，无论是在哪个地方，你都能立刻变成一个商人，不停地卖各种各样你能想出来的东西。"

克洛克笑了，他对乔妮说："我又一次证明了自己，这一次是在体育的领域。亲爱的，这里面也有你的功劳呢，是你在家里与我一起锻炼，才让我仿佛回到了童年任性爱闹的岁月！"

成立克洛克基金会

1973 年，克洛克买下圣地亚哥牧师棒球队的事，受到了那些自认为知道如何花钱的人的批评，有人指责克洛克是一只捞钱的饿老虎。

而克洛克对此表示："其实并不是那么回事。我做任何事从来都不是只为赚钱。"

几年前，克洛克在一次财政会议上讲话，就有个人站起来说："克洛克先生有这种热情和精神，岂不是件很有趣的事吗？大家知道，他在麦当劳有 400 万股股票，每股涨了 5 美元。"

克洛克当时很尴尬。但他马上对着麦克风说："那又怎么样?！我仍然可以在一段时间只穿一双鞋。"

克洛克这句话得到了热烈的掌声。但是，这就是人们的心理状态。那个只从"我在那里"的角度想问题的人，是无法想象出别人是不会那样想问题的。

当有人在报纸上用廉价的子弹攻击麦当劳或克洛克本人时，他当然也会气得骂人。但克洛克一直敬佩哈里·杜鲁门，并喜欢他说过的那句："如果你受不了热，就滚出厨房！"

克洛克不准备滚出厨房，他还想实施自己为麦当劳制订的许多计划，这其中就包括克洛克基金会。

早在1970 年年初决定在那年 10 月庆祝 70 岁生日时，克洛克就捐出大笔钱做些有价值的事。他最初与乔妮和唐讨论这个问题时提到的数字是 100 万美元，但随着时间的推移和逐步开列出可能得到捐款的名单，这笔钱的数字就不断变大了。

1973 年，不仅仅是这些恶意攻击让克洛克气愤烦恼，更有让他悲痛欲绝的事，那就是他唯一的女儿玛丽琳由于糖尿病而去世。

克洛克一度无法自拔，精神恍惚，身体极度虚弱，他多年的糖尿病也复发了，不得不住进了医院。

刚刚康复出院以后，在买下圣地亚哥牧师队后不久，克洛克又因为风湿性关节炎而不得不做手术换了一个塑料的股关节，这才得以从床上重新站起来。

这天晚上，克洛克在病床上与《芝加哥论坛报》的体育专栏作家戴夫·康登一起闲聊。他们谈到了 1929 年幼狐队在世界循环赛中与费城队对抗的事。

克洛克说："你知道，戴夫，我是一个再生的典型。那天，哈克·威尔逊在阳光下没有接住那个飞球，我就死过去了！"

这是克洛克以苦为乐故意开个玩笑，但是，他确实感到自己在生活中好像又被一颗子弹击中了。他对戴夫说出一种设想："戴夫，高血压、糖尿病、关节炎，年轻人患这三种病实际上会影响他们一生的幸福。我或许想选择它们作为我将来支持的对象。"

戴夫看着克洛克："只是一种设想？"

克洛克说："是的，是一种设想。一方面是因为这个原因，另一方面也是因为这些病毁了我个人的生活。我自己就患有糖尿病，埃塞尔也遭受过这种病痛。我的女儿玛丽琳因患这种病离开了人世。风湿性关节炎破坏了我的股关节，使我走路离不开拐杖。现在这种病又使我不得不卧床，我觉得一切都完了！我的医生不同意为我做手术，因为我有糖尿病和高血压。后来，我要求即使丢了命，我也要装一个塑料股关节。我宁死也不愿躺在床上。啊，手术很成功。

"现在，我在房间里走路已不用拐杖了，不过我的妻子还不得不经常提醒我走慢点。多发性硬化症影响了我妹妹洛雷恩的身体。她和她的丈夫在印第安纳州的拉斐特有 3 个麦当劳餐馆。我的兄弟说，洛雷恩也许会成为一女雷·克洛克，因为她在许多方面像我。"

说到这里，克洛克看着戴夫，一个念头在心里悄悄生成。

1974年春天，克洛克也感觉自己身体正像春天的来临一样，慢慢康复。这天中午，克洛克说要到外面去看看，于是乔妮陪着他到户外散步。

克洛克拄着拐杖，站到门外，大口呼吸着新鲜的空气。他放眼望去，太阳把温暖洒向大地，院子里的小树刚刚吐出鹅黄色的嫩芽，田野里的小草也刚刚冒出头来，随着和煦的春风晃着顽皮的小脑袋。

克洛克说："乔妮，我现在更加体会到健康对人的重要，当你拥有它的时候，似乎毫无察觉，但一旦你失去它，就感觉到它的弥足珍贵了。我是幸运的，我失而复得了。"

乔妮搀扶着克洛克，看着他两眼重又放出敏锐的光芒，她眼中也闪着喜悦的光："是的，雷，这种手术成功的概率很低，就连医生开始也在犹豫，塑料股关节能否在你身上置换成功，好多年轻人都不能从手术台上站起来呢！现在证明，好运气确实总在围绕着你！"

克洛克说："你说得对，乔妮。幸运之神总是如此眷顾于我。但是我这近一年来所受到如此多的打击，尤其是玛丽琳。所以我由己及人，想到还有许多像玛丽琳和我一样的病人，他们一定需要很多帮助。如果医学上能有更大的突破，那就会使更多的病人从病痛的折磨中解脱出来。"

乔妮看着克洛克："雷，你的意思是……"

克洛克神情坚毅地说："我觉得我要为医学做点事，乔妮。我想成立一个基金会，专门为医学机构提供研发资金，用来研究各种疑难病症。你认为呢？"

乔妮微笑着表示赞同："雷，我赞成你的打算。这的确是个好计划！我们就成立一个基金会，在有生之年尽力多为社会做一些事情。"

克洛克听到乔妮的话很高兴，两个人边走边商量着具体细节。克洛克说："乔妮，我想先支援一些医疗机构和一些科学机构。我们首先选择在芝加哥的相关机构，因为那里毕竟是我的故乡。"

乔妮点头表示同意："好的，雷，就按你说的做。"但她接着又劝道："但是，你现在身体还很虚弱，就让我来帮你完成这个心愿吧！"

克洛克感激地望着乔妮："乔妮，遇到你是我最大的幸福！"

乔妮知道克洛克是个急性子，所以她立即开始筹划克洛克基金会的成立和捐助工作。乔妮其实是非常能干的，她对芝加哥的人们说："芝加哥是克洛克先生的故乡，也是麦当劳事业的发源地。现在，克洛克先生事业有成，他从来没有忘记自己的家乡，感谢故乡人民当年对麦当劳的支持。所以，克洛克先生愿意捐出一部分钱，作为对家乡父老的回报。"

克洛克与唐、乔妮在讨论基金会管理人员时，考虑到克洛克的兄弟鲍勃是这个基金会总裁的最佳人选。鲍勃是一位医学博士，1965年任沃纳·兰伯特医药公司研究所生理学部负责人。鲍勃是专攻内分泌学的，在这个领域有很高的威望。

鲍勃开始不愿意放弃他的职位从新泽西举家搬到南加州的农场来，后来克洛克费尽了口舌，他这才同意搬过来主持基金会。建在农场里的基金会总部大楼里，举行科学研讨会和论文演示会的各种设备一应俱全。

鲍勃总是设法把资金提供给一些重要项目的研究，还请了许多极受尊重的科学家和医生来参加基金会举行的科学大会。每次会议的结果都以书的形式或作为最有权威的杂志的副刊出版。

克洛克和乔妮亲自拟定第一批捐款的名单。在克洛克最后确定的名单上，获得大笔捐款的有：儿童纪念医院的遗传学研究和新设施的建设项目、西北纪念医院生育问题研究所的建设项目、阿德勒天文馆的宇宙剧场项目、林肯公园动物院的大猿猴馆建设项目、佩斯研究所对库克县监狱犯人的教育和改造计划、拉万尼亚节日协会开办资助基金会的计划和自然史现场博物馆举办大型生态展览的项目。基金会主要支持有关糖尿病、风湿性关节炎和多发性硬化症的研究。

克洛克基金会首批捐款750万美元，他和乔妮感觉，能把钱用在对人类有意义的事上，真是一件让人自豪的行动。

克洛克说："我看着麦当劳发展成了全国性的机构。美国是唯一能使麦当劳做到这一点的国家。我真诚地愿与其他人一起共享我的财富。"

基金会在1976年扩大了活动范围，把唤起公众认识家庭酗酒影响的计划也包括了进来。这项计划是以"考克行动"的名义开展的，考克是克洛克的英文字母的反向拼写的读音。它也是乔妮主要关心的事业之一，她为此与众议员约翰·凯勒和弗雷德·莱恩花了许多时间做组织工作。

乔妮一直特别关心那些由于家庭酗酒而导致父母离婚的孩子，她说："这些孩子真让人觉得可怜！"乔妮和一些志愿者一起收留那些无家可归的孩子，到处去宣传酗酒的危害。

克洛克一贯乐于帮助别人，所以投入了大笔资金来支持乔妮的善心。

克洛克打算资助芝加哥的各个机构，表示他的感谢之情的另一个考虑是，年轻人及他们的家庭对麦当劳的成功有重要意义，他要用自己的捐赠对此给予承认。

恰好就在考虑这些捐款的时候，麦当劳公司在奥克布鲁克办事处组织了一次献血活动，以帮助他们会计部门雷德·卢埃林的小儿子。这个孩子在田纳西州的孟菲斯圣朱迪儿童研究医院治疗白血病，需要输大量的血。

后来，雷德的妻子来感谢克洛克。她把儿子在圣朱迪医院受到精心照料的情况告诉了克洛克。于是，克洛克做了些调查，对那里的情况有更多的了解，然后又在捐款的单子上加上这家医院。

除了这些受赠者外，克洛克还给小时候常去的奥克帕克的哈佛公理会和乔妮担任理事的南达科他州拉皮德公共图书馆捐了款。

自然博物馆还建立了雷·克洛克环境基金会。博物馆馆长利兰·韦伯宣布该基金已收到 12.5 万多美元，用以实施教育年轻人的系列电影、现场考察和研讨会计划。克洛克高兴得连一句话都说不出来。

多年来，克洛克因为热心于慈善事业，受到了社会的尊敬，也因此获得过许多荣誉，是各行各业颁发给他的。克洛克在奥克布鲁克的办公室旁边专门建了一个展览室，里面陈列着他获得的所有的奖章、缎带和纪念品。

有些人认为，一个大公司的董事长炫耀这些纪念品，实在有点俗。但克洛克对所有的这些奖章和纪念品看得非常珍贵，对每一件奖品都感到自豪，无论它是童子军手工制作的纪念品，还是镀金的多轴混合器。

但所有这些奖品都不如被授予"当今杰出的芝加哥人——慈善家雷·克洛克"的荣誉称号最令克洛克激动。那是由全国多发性硬化症协会芝加哥分会在 1975 年的一次晚宴上授给克洛克的荣誉。

当晚，芝加哥的名流和成功人士济济一堂，共同庆祝新的一年的开始，就在晚宴中，全国硬化症协会芝加哥分会宣布："为了表彰克洛克先生对医疗方面的贡献，特向他颁发这一荣誉称号。克洛克先生是芝加哥人的骄傲！"

克洛克事先并没有得到消息，所以他激动万分，以至于在接受这个奖杯时，两只手都在颤抖。

在征得乔妮的同意后，克洛克宣布："我将再次捐出 100 万美元送给全国硬化症协会芝加哥分会，以感谢为我颁发这个荣誉称号。"

整个宴会大厅里顿时响起了经久不息的掌声。克洛克在家乡父老面前感受到了极大的尊重和荣誉，他的双眼湿润了。他对乔妮说："我现在才真正感觉到，帮助别人是一件多么快乐的事情。"

直至工作到生命终止

1977 年 1 月，弗雷德担任麦当劳董事长，史密斯担任总裁和行政管理处的总负责人。而董事会把克洛克尊为高级董事长。

麦当劳与早期创办时相比，已经完全脱胎换骨了。为了适应变化，增加了少数民族雇员，他还搞了一个让合格的黑人男女当经营者的计划，这在促进黑人资本方面一直起着领导潮流的作用。

公司业务比原来也更加繁多了。过去，公司中某人每周只用几分钟时间就可以处理的工作，现在已经发展到要由数百人的各个部门来处理。

克洛克一刻也不得停歇，他始终关注着麦当劳每一个可喜的变化。时光也在匆匆地从他的眼前流逝。

1982 年 10 月，麦当劳公司总部的员工为克洛克举行盛大的 80 岁大寿生日晚会。

克洛克非常高兴，他希望在那天晚上见到他最亲密的朋友——秘书、现场人员、总裁们，因为他想看到自己给他们的生日礼物的反应，这些生日礼物就是克洛克以礼物的形式送他们的麦当劳的股票，而且就是当天寄给他们的。

为了制造一点神秘色彩，克洛克为此还在之前做了大量的私下调查工作，设法弄到他们有些人中的夫妇和孩子的社会保险号码，以便转让股票。有些股票是送给了一些总裁的妻子们，因为作为一个麦当劳人的妻子，必须是有耐心、能理解人的人。克洛克知道，在这些麦当劳人取得成功的背后，她们做出了很大的牺牲。

克洛克渴望见到人们的惊喜使晚会的气氛达到高潮。

多年的风湿病已经让克洛克行动不便，当晚乔妮推着轮椅把他带到了会场。大家看到，坐在轮椅上的麦当劳老掌门人依旧精神抖擞，声音洪亮地向每个认识的人打招呼。

收到克洛克礼物的人们对他表达了内心的感激之情，这让克洛克感到尤其高兴。他说："你们不仅仅是我的朋友，而且更是我要衷心感谢的人！"

弗雷德代表公司里所有员工向克洛克献上了贺词：

金秋送爽，果树飘香。10月的风景因一位老人80寿辰的到来而更加美丽。80年的风雨历程，老人在平凡如斯的岁月里操守着自己的责任与品行；80年的坎坷经历，老人用精诚不息的劳作捍卫着一个大家庭——麦当劳大家庭的声望与荣光……

80年前的今天，当他来到这个世界，便注定要与责任和汗水结下一生情缘。他过早进入社会，而这也磨炼了他坚韧不屈的品格，让他懂得了责任与奉献。如花的青春岁月，他用年复一年的不懈付出使推销业绩达到辉煌；待他年近花甲之时，又创造了世界级的麦当劳举世伟业。

麦当劳的每一步成长都见证了他的伟岸与神奇，而促使老人完成这一壮举的，是他心存博爱的品行与风骨，是不惧生活压力的坚毅而勇敢的心。时间不紧不慢地走过，当麦当劳这个儿子已经能够顶家立业时，老人也仍然没有让自己闲下来，他还在体育事业和慈善事业中奉献力量。

80年的时光足够漫长，足够胸怀大志的伟人创下霸业，足够精明果敢的商贾留下自己的金融帝国。80年的时间，老人有过春华秋实，也收获了别样人生。他用毕生的精力和付出诠释了一位耕耘者的勤勤恳恳，一位奉献者的无私。

　　今天，艰难困苦的岁月已一去不返，而经历过岁月洗礼的麦当劳全体员工们却忘不了老人为我们的成长做出的努力与牺牲。克洛克先生缔造了全球闻名遐迩的超大型企业，将金色的麦当劳旋风刮向全美国，刮向全世界，在全世界演绎着它的传奇。

　　今天，我们要送给老人——我们最敬重的克洛克先生——最真诚的祝福。在这个秋风飒爽、硕果飘香的日子里，我们要给这位慈祥老人的最好的生日礼物。让我们为克洛克先生举酒，为岁月干杯，祝福老人健康永驻，生命常青！

　　弗雷德的讲话表达了每一位员工的心声，大家用热烈的掌声表示赞同。

　　弗雷德对已经感动得热泪盈眶的克洛克说："克洛克先生，请您给公司里的员工讲几句话吧！大家希望能听到您的教诲！"

　　又是最热烈的掌声。

　　克洛克擦了擦眼睛："好吧！"然后，他走到了主席台前，扶正麦克风，清了清嗓子。

　　所有麦当劳的员工都安静下来，看着这位年已八旬仍然精神矍铄麦当劳之王。

　　克洛克的目光自左至右向台下缓缓望过，平复了一下激动的心情，然后用平和从容的语调说：

　　谢谢大家！曾经有很多人问我，我这一辈子，是不是上帝给我的东西太多了，而没有给其他人，比如幸福。

　　他们认为我太过于幸运，一种快餐到了我这里竟然变成了一个如此成功的企业。但是我想说的是幸福是无法给予某一个人，正如《独立宣言》所说：你所能做得最好的事情，就是给他追求幸福的自由。幸福不是一种实实在在的东西，它是一种副产品，取得成就的副产品。

人们听着克洛克仿佛谈心一般的讲话，都默默地点头。

克洛克语气一转，声音略微提高了一些："而所谓成就，就是在占用了失败的可能、失败的风险后才能获得的东西。走完被放在地板的钢丝，那不叫成就。成就是把它悬在半空再走过去。"

大家听了，脸色略带严肃。

克洛克继续说：

没有风险，就没有取得成就的骄傲，结果也就无法体会幸福。我们唯一可以取得进步的办法，无论是个人，还是集体，都是要以开拓者的精神向前走！我们必须迎接自由企业制度中存在的风险。这是世界上经济走向自由的必由之路，没有其他的路可走！

克洛克把生日晚会当成了一次他总结一生宝贵经验的座谈会。但他严肃而发自肺腑的一番言论，也被在场的员工们当成了真正的麦当劳的财富。

在这次庆祝 80 岁大寿生日活动之后，克洛克还应各个大学的邀请，到许多商学院去演讲。在那些地方，学生们真正领略到了克洛克出色的口才、敏锐的头脑和深刻透彻的分析。克洛克的演讲在每一个地方都受到热烈欢迎，那里的礼堂里总是爆满的。大家都争先恐后地想亲眼看一看"麦当劳老爹"的风采。

克洛克也真正想把一些成功的经验介绍给青年人，他认为，有许许多多的美国青年都没有机会学习从工作中得到乐趣，国家的大部分社会和政治哲学似乎总是要把生活中的风险逐个地排除掉。他认为这

是不对的。

他说："一些人不愿相信冒险可以换来应有的回报，对此，麦当劳的发展历程给了他们一个有力的回击。世界上并不缺乏机遇，缺乏的是抓住机遇的诀窍。因此，你必须在合适的时间出现在合适的地点。幸运之神或许会稍稍眷顾，这点毫无疑问，然而，物质的富足让太多人忽视了那个最重要的因素——依旧是艰苦奋斗的精神。"

克洛克给学生们讲麦当劳成功的经验，讲他自己艰苦创业的经历，也讲对市场的分析和体会。他还教导学生们："书本上学来的知识必须要真正得到实践，这是非常重要的环节。如果你用这种态度来对待自己的工作，生活就不会使你失望，不管你是董事长还是第一号洗碗工都是如此。你应该学会懂得'工作和被人要求工作'的乐趣。我一直反对那些只知道死抠书本而不去了解怎样把知识运用到工作和生活当中去的人！"

而克洛克还把自己的座右铭讲给学生听："我一直最喜欢说一段话，而且我还把它做成了牌匾挂在了麦当劳总部的办公室里，大家请看……"

说着，克洛克把这段话写在了黑板上：

奋力前进吧，世上任何东西都不能代替恒心。

"才华"不能：才华横溢却一事无成的人并不少见。

"天才"不能：是天才却得不到赏识者屡见不鲜。

"教育"不能：受过教育而没有饭碗的人并不难找。

只有恒心加上决心才是万能的。

　　这也确实是克洛克一生的真实写照，他的一生就是在这样的恒心和决断中度过的。

　　虽然已经到了耄耋之年，但克洛克仍然每天都在为麦当劳的发展操劳。

　　乔妮看到克洛克的身体已经越来越差了，还不顾性命地如此工作，她非常担心，经常劝克洛克："雷，你别太累了，你应该好好休息一下。你这辈子几乎没有休息过一天，所有的时间都用在了工作上。"

　　克洛克说："不行啊，我还有许多的梦想呢！"

　　乔妮说："雷，你这辈子几乎从来都没有停止过梦想。你让我非常忧虑。"

　　克洛克思索着乔妮的话："嗯，这辈子……乔妮，你相信命运吗？我父亲去世的时候，我在我父亲的财产中发现了一张纸，那是1906年的一份黄色的文件。当年我才4岁，有一个骨相学家给我看了头上的隆起的骨头后，向我父亲说出一个预言。此人预言我会成为食品界中某个行业的厨师或工人，而且会在这个行业做出很大的成就。"

　　"我对这个预言感到吃惊，毕竟我是在与饮食业有关的行业中工作，而且感到与厨房有一种实实在在的亲缘关系。对于老人的预言最终成为现实能有多大的准确性，我几乎一无所知。但现在看来，这个预言是多么准确啊！看来，是上帝从一开始就把我跟麦当劳紧紧地拴在了一起，我今生再也无法与它分开！"

　　乔妮听了这个传奇式的故事，她瞪了双眼："你已经做到成功了，雷，你的梦想已经完全实现了。"

克洛克却笑着说："我的梦想还多得很呢！我梦想让麦当劳的金色'M'拱门竖立在全世界的每一个角落；我梦想着牧师队能获得一个世界循环赛的冠军；我梦想着麦当劳能有一些新鲜的创意；我还梦想着美国人听到越来越多的有关汉堡外交的事情。"

乔妮看着精神亢奋的克洛克，知道没有办法说服他停下来，只好陪着他一起看那些麦当劳公司的文件，并帮他整理笔记。

1983年的新年来到了，麦当劳公司照例召开一年一度的聚会，克洛克虽然身体不好，但还是坚持参加了。

几天后，克洛克回到圣地亚哥，他感到非常疲倦，但他仍然照常审查麦当劳在海外投资的文件，而且常常熬到深夜。

1月13日当晚，乔妮仍然陪克洛克审查报告。已经很晚了，她劝道："雷，工作不是一天能干完的，我们还是早点休息吧！"

克洛克伸了个懒腰："乔妮，时间不等人啊！我已经是风烛残年了，越来越感觉到时间的宝贵。好，你先去睡，我看完最后这几页马上就去。"

乔妮实在熬不住了，就回房去了。

1月14日清晨，当乔妮醒来时，却发现克洛克没在身边，床上也没有他睡过的痕迹。她心头有一种不祥的预感，赶紧起床跑到书房。

克洛克伏身在书桌上，手里仍然拿着一份关于发展麦当劳的报告。

乔妮奔上前去，吃力地把克洛克的脸托起来，却发现克洛克已经永远地闭上了双眼。

事后诊断，克洛克死于心脏病突然发作，享年81岁。

附　录

　　在创业的时候，要有眼光找到一些有才能的人一起奋斗，单靠一个人的努力是不会成功的。

—— 克洛克

经典故事

❧ 爱思考的推销员 ❧

克洛克从小喜欢长时间地思考，设想各种情况发生时自己应该如何处理。12岁，读完初中二年级他就开始工作了，先是开了一个卖柠檬水的摊点。后来，他还和两个朋友一起开过一个很小的唱片店，卖唱片和稀有乐器，克洛克负责弹钢琴唱歌来吸引客人。这些店都获得了意想不到的成功。

克洛克还推销过很多东西，曾经给一个叫华尔格林的食品连锁店供应盛放酱料的纸杯。

一天，克洛克在中午时间观察了他们的客流量，发现完全可以在生意非常繁忙、座位不够时，用带盖的纸杯卖啤酒或软饮料给那些找不到座位的客人打包带走。

克洛克去拜访了那儿的经理，并给他演示了产品。克洛克说："因为这样一来可以帮你提高生意额。你可以在柜台前单独设一个地方来做外卖，用纸杯装饮料，加上盖子，把客人要的其他食品一起放在袋子里给他们拿走。"

最后，经理同意免费试用他提供的纸杯。结果，外卖非常成功。没过多久，他就成了华尔格林所用纸杯的供应商。

❧ 独特的经营之道 ❧

克洛克入主快餐业后，带来了革命性的新观念。他以公平、互惠的精神订立特许经营合同。他要使麦当劳成为一个稳定且以品质标准统一著称的公司，所以必须能够在一定程度上控制前来购买特许权的投资人，因而也就必须放弃一些短期的利益。

克洛克决定麦当劳一次只卖一个餐馆的特许权。刚开始时，克洛克多以大都市为授权经营区域，但他很快就缩小了授权区域。对以前授权的那些大范围区域加盟店、原加盟店有权优先购买新店的特许经营权，但无权自行设店。规定表现优异的受许人可以拥有多家加盟店，而表现不好的受许人只能拥有一家店铺。谨慎挑选受许人，并严格控制加盟店的经营活动，丝毫不准越轨。

就这样，通过是否给予特许权，克洛克控制了加盟者，促使他们注重品质、清洁、服务与价值。这也是保持麦当劳长期获利的重要原因。

"走动管理" 的经营策略

克洛克有个习惯，不喜欢坐在办公室办公，大部分工作时间都用在"走动管理"上，即到所有各公司、部门走走、看看、听听、问问。

曾经有一个阶段，麦当劳公司面临严重的财务亏损。经过调查，克洛克发现是公司各部门经理的官僚主义作风，导致了这一场危机，他们习惯于舒舒服服地躺在靠背椅上指手画脚，看不见问题的根源，把许多时间耗费在空谈和相互推诿上。

克洛克为此寝食不安，他觉得，扭转这种积弊靠发几个老生常谈的文告或板着脸进行几次训话是解决不了的。为了彻底清除经理们的怠惰习气，克洛克想出了一个奇招：将所有的经理的椅子靠背锯掉，并立即照办。

对于总裁的决定，所有的人都疑惑不解，他们不知道克洛克的真正用意何在，但面对严厉强硬的命令，经理们只好依章照办。他们坐在没有了靠背的椅子上，觉得十分不舒服，不得不经常站起来四处走动。

终于，他们慢慢领悟出了克洛克的苦心，纷纷走出办公室，仿效克洛克的样子，深入基层"走动管理"。

很快，经理们发现管理当中存在着许多问题，于是及时了解情况，现场解决问题，终于使公司扭亏转盈。

依靠这个秘诀，麦当劳公司不仅解决了财务危机，而且终于成为全球 500 强企业。

麦当劳为什么不养牛

据说，当年从麦当劳兄弟手里买下特许经营权的除了克洛克之外，还有一个荷兰人。

不过，克洛克和那个荷兰人走的是完全不同的经营之路。

一开始，克洛克看起来比较愚蠢。他只开麦当劳店，加工牛肉，养牛的钱都任别人赚去了。

而荷兰人则显得聪明，他不仅开麦当劳店，而且所有赚钱机会都不让别人染指。他投资开办了牛肉加工厂，使加工牛肉的钱也流入自己的腰包。后来他想自己干吗买别人的牛，让别人赚走养牛的钱呢？于是又办了一个养牛厂。

日复一日，年复一年，克洛克把麦当劳开遍全世界，而那个荷兰人呢？

人们找啊找，终于在荷兰的一个农场里找到了他，他什么也没有，就养了 200 头牛。

❧ 生命的最后一刻 ❧

当麦当劳已经和万宝路、可口可乐成为美国众人皆知的三大名牌时，克洛克依然带着有病之躯，奋斗不止，1984 年 1 月 14 日，这位 81 岁的高龄老人依然不知疲倦，在加州圣迭戈巡视，他手拿望远镜仔细观察麦当劳的经营情况，还发现了几个缺点。当他准备写出来的时候，笔滑落了，他倒了下去，再也没能够站起来。克洛克为麦当劳工作到生命的最后一刻。

在麦当劳公司总部的办公室里，还悬挂着克洛克生前喜爱的座右铭：

> 世上任何东西都不能代替恒心。
>
> "才华"不能：才华横溢却一事无成的人并不少见。
>
> "天才"不能：是天才却得不到赏识者屡见不鲜。
>
> "教育"不能：受过教育而没有饭碗的人并不难找。
>
> 只有恒心加上决心才是万能的。

也许，这就是克洛克赢得事业巨大成功的诀窍之一。

年　谱

1902 年 10 月 5 日，出生于美国芝加哥奥克帕克。

1907 年，开始跟妈妈学习钢琴。

1918 年，高中二年级辍学，谎报年龄参军。

1919 年，第一次世界大战结束，从军队退役，开始做推销。

1920 年，全家迁往纽约，入托马斯公司纽约办事处工作。

1922 年，回到芝加哥，入莉莉纸杯子公司做推销员。和埃塞尔结婚。10 月，女儿玛丽琳出世。

1925 年，带领妻子女儿赴佛罗里达，入莫朗父子公司从事房地产推销。

1926 年，房地产生意失败，全家返回芝加哥，继续在莉莉纸杯子公司做推销员。

1930 年，找到大客户沃尔格林公司，从此生意面向大客户。

1932 年，父亲由于经济萧条导致破产，因脑出血去世。

1937 年，离开莉莉纸杯子公司，自己开创普林斯堡销售公司，推销多功能奶昔机；同年，麦当劳兄弟开创第一家餐馆。

1941 年，太平洋战争爆发，多功能奶昔机停产，另谋生路。

1945 年，日本投降，第二次世界大战结束，多功能奶昔机生意恢复。

1949 年，雇用琼·马蒂诺。

1954，与麦当劳兄弟相遇，签订了协议，替麦当劳开设连锁店，发放经营许可证。

1955 年 3 月 2 日，创办麦当劳连锁公司；雇用哈里·索恩本。4

月，开设第一家样板店。

1956 年，雇用弗雷德·特纳。

1959 年，和克莱门·博尔合作被骗，公司出现难关，从供货商那里贷款 40 万美元渡过难关。任命哈里为公司总裁兼总经理，自己出任董事长。

1961 年，与乔妮·史密斯相遇；与埃塞尔离婚。和麦当劳兄弟谈判，买下麦当劳；创建汉堡包大学；创立麦当劳研究发展实验室，研制开发新产品。

1963 年，和简·格林结婚。创立小丑"麦当劳叔叔"形象，受到欢迎。

1966 年，哈里辞职；自己担任麦当劳公司的总经理兼总裁。

1967 年，举行全国性的广告宣传和推销。

1968 年，任命弗雷德为麦当劳公司的总经理和执行总裁。和乔妮再次相遇；与简离婚。汉堡包大学校址落成。

1969 年 3 月 8 日，与乔妮在南加州的农场家中结婚。

1970 年，麦当劳正式进军海外市场。

1971 年，麦当劳进军日本市场，大获成功。

1972 年，试图购买芝加哥幼狐队失败。

1973 年，爱女玛丽琳因患糖尿病去世。

1974 年，买下圣地亚哥牧师队。成立克洛克基金会。

1983 年 1 月 14 日，心脏病突发去世。

名　言

● 坚持和毅力是成功的万能药。

● 只有决心和毅力，才是无可替代的！

● 满足于成功，就意味着倒退，我们同你一样都不能让它发生。

● 如果一个人下定决心，那么几乎就没有不可完成的事情。

● 只要你精力旺盛，你就在成长；一旦你成熟了，你也就开始腐烂了。

● 所谓成就，就是在占用了失败的可能、失败的风险后才能获得的东西。走完被放在地板的钢丝，那不叫成就。成就是把钢丝悬在半空再走过去。

● 我们必须迎接自由企业制度中存在的风险，这是世界上经济走向自由的必由之路。没有其他的路可走！

● 一些人不愿相信冒险可以换来应有的回报，对此，麦当劳的发展历程给了他们一个有力的回击。世界上并不缺乏机遇，缺乏的是抓住机遇的诀窍。

● 应该学会懂得"工作和被人要求工作"的乐趣。我一直反对那些只知道死抠书本而不去了解怎样把知识运用到工作和生活当中去的人。

● 我一直认为，每个人都是自己创造幸福，自己解决难题。这是一个简单的哲学。

● 如果你期望自己的企业能运转得好，就必须把每个基本的组成部分都搞得很完善。

● 细节问题在生产线上是极其重要的一段，产品通过它时必须很平衡，否则整个的工厂都会出现震动。

● 如果处理得当的话，坏事也可以变成好事。

● 为你自己做生意，但不是由你自己来做生意。

● 在我看来，收入可以以不同的方式表现，一种最好的方式是脸上的满意的笑容。与其他相比，这才是最值钱的。

● 我信奉上帝、家庭及麦当劳——而在办公室里，这三者的顺序是完全颠倒的。

● 假如你希望成为一个大公司的领导人，你就必须要背负一个十字架：在攀升的路上，你将失去许多朋友。

● 做生意不像作画，你无法画上最后一笔，然后把它挂在墙上自己欣赏。犹如成功，不进则退。别让它发生在我们或你们身上。

● 顾客花钱就是要得到合格的产品，这是我们的责任和宗旨。

● 我看着麦当劳发展成了全国性的机构，我真诚地希望与其他人一起共享我的财富。

● 在商场上，竞争是你死我活的，一不留神，一丁点儿的大意或者马虎就能导致彻底的惨败。

● 做事情首先要有想法，但是不能只停留在"想"的阶段，想之后一定要去做，"知"以后一定要去"行"。

● 当没有机会的时候，就要主动去寻找，机会都是人创造的，就看你有没有聪明的头脑和善于思考的习惯。

● 认准了一个方向，就要朝着这个方向干下去。不管途中有多少坎坷和险阻，都要坚持自己的初衷。

● 任何事情的成功从来都不会一帆风顺，没有迎接挑战的勇气，就不会有以后的成功。

● 在创业的时候，要有眼光找到一些有才能的人一起奋斗，单靠一个人的努力是不会成功的。

● 发现了问题之后，就要想尽一切办法去调查清楚，善于应用科学技术去处理问题。这对于一个经营者来说，是难能可贵的。

● 在服务中，只有把顾客放在第一位，使他们始终得到满意的服务，才能把顾客的心留住。

● 一位好的管理人员并不喜欢失误，他可以容忍下属偶尔犯下非故意的错误，但决不能宽恕和原谅不诚实的行为。

● 你们必须敢于冒险，我指的并不是疯狂的蛮干，我说的是冒险精神，某种程度上说就是要冒破产的风险。如果你看准了什么事情就要全身心地投入其中。敢于合理的冒险也是我们迎接挑战的一部分。

● 世上任何东西都不能代替恒心。"才华"不能：才华横溢却一事无成的人并不少见。"天才"不能：是天才却得不到赏识者屡见不鲜。"教育"不能：受过教育而没有饭碗的人并不难找。只有恒心加上决心才是万能的。

图书在版编目(CIP)数据

克洛克 / 刘干才编著. --北京:中国社会出版社,2014.8
(2022.6 重印)
ISBN 978 - 7 - 5087 - 4772 - 9

Ⅰ. ①克... Ⅱ. ①刘... Ⅲ. ①克洛克,R. (1902 ~ 1984) -
传记 Ⅳ. ①K837.125.38

中国版本图书馆 CIP 数据核字(2014)第 124001 号

出 版 人:浦善新		策划编辑:侯 钰	
责任编辑:侯 钰		封面设计:张 莉	

出版发行:中国社会出版社　　　　　　地　　址:北京市西城区二龙路甲 33 号
邮政编码:100032　　　　　　　　　　编 辑 部:(010)58124867
网　　址:shcbs.mca.gov.cn　　　　　发 行 部:(010)58124866
经　　销:各地新华书店

印刷装订:北京华创印务有限公司　　　开　　本:170mm×240mm 1/16
印　　张:13　　　　　　　　　　　　字　　数:200 千字
版　　次:2014 年 8 月第 1 版　　　　印　　次:2022 年 6 月第 3 次印刷
定　　价:49.80 元

中国社会出版社微信公众号　　　　　　中国社会出版社天猫旗舰店